阿部慎之助の野球道

阿部慎之助
橋上秀樹

徳間書店

阿部慎之助の野球人生との交錯

橋上秀樹

監督の仕事の最大の魅力は、すべての決定権を自分が持つこと――。私がＢＣリーグの新潟アルビレックス・ベースボール・クラブで監督を務めたときに感じたことである。

楽天のヘッドコーチを２００９年に辞めた私は、２０１０年は充電期間と決めて、野球評論家としてプロ野球の解説や執筆活動に勤しんでいた。この年の秋、複数の球団からコーチとしてのお話をいただいたのだが、新潟だけは「監督としてご指導いただきたいのです」というオファーだった。

それまでに私は、野村克也さんの下で選手や指導者として12年にわたって教えを受けてきた。野球の作戦についてはもちろんのこと、はては人材育成や組織論にいたるまで、さまざまなことをご指導いただいた。

これまで培《つちか》った経験が、現場でどういった効力を発揮するのか。その答え合わせをする意味では、「監督」という仕事を一度経験してみるべきではないかと考えていた。

新潟からこのお話をいただいてからほどなくして、野村さんにこの件を含めてお電話で報告した。そのときに野村さんはこうおっしゃっていた。

「プロ野球に限らず、監督要請の話をもらうのは非常に光栄なことだ。監督という役職は、誰もが『なりたい』と思ってできるものではない。相手から要請されなければできないものだ。契約を結んだら一生懸命、職務を遂行していいチームをつくり上げなさい」

この言葉を胸に2011年、私は新潟での監督生活を送ることになったものの、「チームが勝つこと」と「プロ野球（NPB）に選手を送り込むこと」の2つのミッションを同時に果たすのは、想像以上に至難の業《わざ》だった。

プロが注目する選手を育成するために

チームを勝たせるには、「自分はこのチームではどんな役割を果たせばいいのか」について個々の選手に考えさせ、意識改革を行っていくことで活路が見いだせるのではないかと考えていた。事実、それまでバットを長く持ってブンブン振り回していたのが、バットを短く持ってコンパクトに反対方向に打球を飛ばすように変えたバッターもいれば、スピードはあるもののコントロールが今一つだったピッチャーが、アウトコース低めを意識したピッチング練習をすることでコントロールが改善された、という好例も見られた。

だが、選手の意識改革を行ってチーム力を上げていくことと、プロに選手を送り込むことを両立させるのは容易ではない。たとえば打撃、走塁、守備のそれぞれが70点の選手と、打撃と走塁は平均的だが、守備力の高さは90点以上という選手がいたとすれば、プロが注目するのは後者のタイプである。守備範囲が広く、強肩という長所を、スカウトたちはプロの世界で生かせないものかと考えるのだ。

すべてが70点の、これといって特徴のない無難な選手に対して、スカウトは見向きもしない。どこにでもいる、凡庸な選手を獲得することは、どう転んでもあり得ない。現状の戦力のなかでプロのお眼鏡にかなうような選手を育てるにはどうすればいいのか、同時にチームを優勝に導くにはどういう采配を振るえばいいのか、2つの課題をクリアすることが、私に課せられたミッションだった。

結果、この年の新潟はBCリーグ上信越地区で見事に優勝し、この年のドラフト会議では、雨宮敬、渡辺貴洋という2人のピッチャーが、巨人から育成の5位、6位に指名された。2つのミッションをクリアしたことの安堵感と同時に、2人には悔いなくプロの世界でやり遂げてほしいと私は願っていた。

しかし、雨宮は3年、渡辺は2年で支配下登録を勝ち取ることなく、退団することになった。

彼らに共通していたのは、「プロの高いレベルを目《ま》の当たりにして、自分の力を発揮できなかった」ことに尽きる。独立リーグでできていたピッチングスタイルを見失い、プロの世界でどう生きていけばいいのか、模索しているなかで終えてしまった感が強かった。

この点は非常に残念でならなかった。

一軍戦略コーチとして見た巨人軍

彼らが巨人のユニフォームに袖を通すことになった２０１１年秋、私自身にも人生最大の転機が訪れた。それまで縁もゆかりもなかった巨人に、「一軍戦略コーチ」という肩書で入団することが決まったのだ。実は新潟を指揮していたとき、巨人の三軍との練習試合を行った際、連勝することができた。このときの采配を評価されて、プロ野球史上初となるそのポストに就くことになった。

翌２０１２年の春季キャンプで私の目に留まったのが、キャプテンとしてチームの大黒柱の役割を担っていた阿部慎之助だった。私の母校である、安田学園高校の後輩であることは重々承知だったが、彼の普段の練習ぶりをしっかりと見るのは、このキャンプが初めてだった。

やはりバッティングがすばらしい。打球が右に左に、いい角度で放物線を描いて飛んでいく。さすがにいい選手だと感嘆したのと同時に、こうも考えていた。

「これだけの高い技術を持っていながら、どうして打撃のタイトルを1つも獲得できていないんだ？」

このことが不思議でならなかった。巨人のみならず、他のチームでも4番を打つだけの能力を持っているにもかかわらず、打撃タイトルにはまるで縁がない。

高い技術力を生かしきれない理由とは何か――。巨人入団後の私は、慎之助とよく話すようになり、どうすれば彼の打撃力を生かせるのか、ディスカッションを重ねた。そこで得た結論は、「慎之助の試合中のストレスを軽減させてあげること」だった。

血液型だけで性格のすべてを判断することはできないが、あえて指摘させてもらえば、A型の慎之助は繊細でナーバスな一面を持っていた。ピッチャーが打たれると、「原因は自分の配球にある」と落ち込み、そのことを打席内でも引きずってしまうということがたびたび見受けられたのだ。

そうしたとき、私のほうから慎之助に積極的に声をかけるようにした。プレーのことで気づいたことを話すこともあれば、野球とはかけ離れた、日常のたわいもない話をして笑顔にさせることもあった。こうした会話で緊張感を解きほぐすことが、彼にとっては肩の力が抜け、余計な力みをなくせているように感じられたのだ。

その結果、2012年シーズンの慎之助は、打率3割4分、104打点と首位打者と打点王の二冠を獲得、さらにセ・リーグMVPと野球人として栄誉ある正力松太郎賞も受賞した。原辰徳監督をして「今のジャイアンツは慎之助のチーム」と最高の賛辞が送られたが、攻守ともにチームの大黒柱として活躍した姿を見れば、誰もが納得する言葉だったに違いない。

「あと1年は現役を」と慎之助は言った

翌2013年春の第3回WBC（ワールド・ベースボール・クラシック）でも慎之助はキャプテンを務め、精神的支柱としてベスト4進出になくてはならない存在となっていた。

このときは私自身も侍ジャパンの戦略コーチとして、慎之助を含めた数多くの選手を見続けていたのだが、初めて対戦する世界のピッチャーを相手にしても動じることのない、威風堂々としたプレーぶりを見て、頼もしく思えたものだ。

それから2014年まで、巨人は慎之助を中心にまとまって、リーグ3連覇を達成。この年限りで私は巨人を離れることになったが、その後、楽天、西武、ヤクルトと3球団を歩んでみて、あらためて巨人の強さとすごさ、常勝チームとはどうあるべきかを考えさせられた。

慎之助のいる巨人に在籍した3年の間に積むことができた貴重な経験の数々は、今でも私の野球人生における大切な財産となっている。

そして時が過ぎて2019年9月25日、慎之助が現役引退を表明した。リーグ優勝を決めた直後、慎之助本人から「あと1年現役を続けます」と聞いていただけに、私にとってみれば急転直下の引退のように思えたが、その半面、「これでよかったのではないか」と思っていた。

たしかに慎之助の技術、体力を持ってすれば、彼の言う通り「あと1年」は現役生活を続行することは可能だったに違いない。けれども、2000安打、400本塁打の記録はすでに達成している。そのうえ、慎之助がよく言っていた「坂本をキャプテンとしたチームで優勝したい」という目標も2019年に達成することができた。

この先、彼が現役生活を続けるためのモチベーションになるものは何かと考えたときに、明確な答えが見つからなかった。だからこそ、このままでは2019年ほどの活躍は望めないのではないか——。私はそう考えていたのだ。

すべての決定権を持つ立場になった彼

同時にこの年に引退することのメリットのほうが大きいとも見ていた。「まだまだ現役でもやれる」と余力を持って辞めるほうが、若い選手にとってはそれだけで威厳となる。つまり、巨人の中心選手としての慎之助の姿を見ているからこそ、技術の指導においても、「あの阿部さんが言っているんだから間違いない」

と若手に対して説得力を持つものになる。

ところが、ボロボロになってからの引退では、「あの人の晩年はひどかった」などと、ネガティブに受け止められるうえ、陰で批判されてしまうことだってあり得る。それならば、余力を持って辞めて指導者となり、威厳を保ったほうが、後々の彼の野球人生にはプラスになるのではないか――。私はそう考えていた。

その後、ソフトバンクとの日本シリーズで巨人の敗退が決まると、慎之助は二軍監督に就任することが発表された。彼の仕事場は長年慣れ親しんだ東京ドームではなく、よみうりランド近くにあるジャイアンツ球場に変わった。若い選手たちとともに汗を流し、1人でも多く活《い》きのいい若い選手を一軍に送り込むことを求められるのと同時に、采配面の勉強も積んでいかなくてはならない。

冒頭で私は「監督の仕事の最大の魅力は、すべての決定権を自分が持つこと」であると話したが、選手の育成から戦術、選手起用にいたるまで、すべての責任を監督が背負うことになる。

慎之助がどんな指導者になっていくのか、監督の仕事にやりがいを感じるのか、それとも重荷と感じてしまうのか――。今後の彼の指導者としての活動に長い目で注目していきたいと思う。

コロナ禍にこそ野球の灯を

そうしたなか、出版社の編集者から慎之助との対談企画のお話をいただいた。

「阿部さんとはこれまでにもたくさん野球の話をされてきたと思いますが、あらためて『野球とは何か』について、1冊の本にまとめてみませんか？　お二人のお話は巨人ファンのみならず多くの野球ファンが知りたいと思っているはずですよ」

なるほど一理あるなと思い、さっそくこの企画を慎之助本人に相談してみた。すると、

「面白いですね。一緒に語り尽くしてみましょうか」

と快諾してくれた。立場が変わって多忙ななか、私の無理なお願いを聞き入れてくれた慎之助には、この場を借りてお礼を言いたい。

私は今年は野球評論家として活動する傍《かたわ》ら、古巣の新潟で巡回コーチという肩書で指導することが決まっていた。また、東京オリンピックの侍ジャパンの戦いについて、共同通信の依頼で取材することが決まっていたのだが、新型コロナウイルスの影響で、オリンピックは1年延期となった。ヤクルト時代の後輩である、稲葉篤紀監督率いる侍ジャパンの

戦いぶりを見届けようと思っていただけに、残念でならない。

また、BCリーグも開幕は延期され、東京近郊に住んでいる私が新潟まで指導に行くこともままならないというもどかしさも味わうことになった。野球に限らず、すべてのスポーツが、これほどまでに予測不能な状況に陥《おちい》ったことなど、未だかつて誰も経験したことがない。

コロナ禍からまだ脱せないなかではあるが、野球の灯は選手、ファン、球団、それぞれの場所で燃え盛っていることだろう。例年通りの観戦がままならぬ今だからこそ、慎之助と私の話を、1人でも多くの方に楽しんでいただきたいと思う。

また、私たちの対話から、野球の持つ魅力や奥深さについて、そして何より、阿部慎之助という野球人の器の大きさを、あらためて感じ取っていただくことができれば、この上ない喜びである。

2020年9月

目次

阿部慎之助の野球人生との交錯　橋上秀樹　1
プロが注目する選手を育成するために
一軍戦略コーチとして見た巨人軍
「あと1年は現役を」と慎之助は言った
すべての決定権を持つ立場になった彼
コロナ禍にこそ野球の灯を

第1章
プロフェッショナルとは何か　19
楽天戦では5割以上打っている説
「新入生はまず監督の足の裏の手入れからだ！」
谷繁から「ファーストミットの用意をしとけ」
「キャッチャー目線」で考えた長嶋監督
阿部の送りバントと相手ピッチャーの反応
情に流される野村監督、流されない原監督
巨人での采配を夢見ていた野村監督
工藤、桑田……捕手を鍛える投手の思考

第2章

巨人の二軍選手をどう鍛えるか

「ボールのキレ」とは何か考えてみる
村田真一を押しのけての一軍起用
森友哉に期待していること
「なぜ打撃タイトルを獲ったことがないんだ?」
「1年だけ真剣に野球をやってくれないか」の結果
スポーツ紙はどこもかしこも「阿部批判」
メディアの野球リテラシーについて
巨人の某先輩いわく「フェラーリを買いなさい」
メンタルと技術の割合は「9・8:0・2」
古田と正反対「打たれたら引きずるタイプ」
結果が出せなきゃクビであることを忘れるな
誰のどの部分の技術を参考にすべきか
大田泰示が日ハムで成功した脱・巨人流
指導者はいきなり最上級レベルを求めてはいけない
内田順三、弘田澄男の鬼コーチから学びとったこと
プロがアマに教えるのにライセンスは必要か

第3章

キャッチャーが背負わされた運命

球数制限の時代、ピッチャーの成長に必要なこと
練習せずとも結果を出していた天才肌の選手
「余力を持って引退したこと」のメリット
選手から「怖い」と思われてしまう理由
プロは見られるのが仕事だ！
あらためて「罰走の是非」を考えてみる
「『星がきれいだな』なんて思いながらリードするな！」
キャッチャーは「経験がものをいうポジション」ではない
金城龍彦の狙い球はまったく読めなかった
打者1巡、2巡、3巡、4巡で変わる攻め方
野村監督のデータ至上配球に異を唱える
アウトコースの低めは「最高の攻め球」だ
ファーストストライクは積極的に振っていく
投手となぜか目が合う打席
原監督と2人だけしか知らない「あのサイン」
捕手の配球より「投手の投げたい球」という選択

第4章

バッティングはチームのためか己のためか

常に最悪な状況を考える「マイナス思考」
相手バッターをバンバン抑えたところで降板させる
澤村をいいところでスパッと代えた理由
究極は「オレが投げて打たれたわけじゃない」

好調な天才肌の選手に指導は必要なのか
かつては「ポテンヒットの阿部」だった
野球人生最大のターニングポイントが来た
あえてフライを打つ松井秀喜のティーバッティング
フリーバッティングは反対方向に打つ
成績を残していてもフォームを変える理由
「あの名選手はオレが育てた」と言いたがる者
スタメンより代打でホームランが難しい
極限の集中力は全打席では出せない
内川聖一がチームバッティングをする意味
チーム第一で考えられる選手がいると強い
スタンリッジは無条件に苦手なピッチャー

第5章

巨人軍と阿部慎之助の未来

いいバッターはゆったりと長く間を取る
柳田悠岐のマン振りをマネする者へ
WBCで見せた中田翔の打撃創意工夫
必要なのはチーム打率ではなく得点力だ
あえて2ストライクまで待って打つ代打の極意
いい当たりのアウトよりどん詰まりのヒット
千賀からホームランを打てた日本シリーズの「流れ」
ひざ元にきた大谷翔平の「162キロ」
甲子園における巨人軍と阿部はヒールか
原監督の1勝から1000勝まで見てきた唯一の男
コロナ禍の異例シーズンで巨人が好調な理由
大江竜聖のブレイクは「自分の特徴」をつかんだから
三軍に落とすのは「自分の特徴を見つけてほしい」から
松原聖弥のポテンシャルを引き出すために
杉内、村田ほかFA移籍組を含むコーチ陣
「どうして君たちは二軍にいるのか？」

大学生を相手に敗北した巨人二軍
自主トレ期間に選手と接触不可はおかしい
「6億円の給与明細を写メで送ってくれ」
一茂に向けた長嶋監督の非情な選手起用
「93年組」は5年後も生き残れるか
ネットで拾った情報を鵜呑みにする選手たち
甲子園の栄光を引きずったままプロに来るな
山瀬慎之助の将来に期待したい
デッドボール対策には「この一言」が効く
主要都市で勝ち抜いた経験のある選手を獲りたい
実のあるミーティングは長時間の必要はない
横綱相撲としての巨人の勝ち方・負け方
二軍全員に「送りバント」のサインを出す！

野球道を極めるために　阿部慎之助　251
勇人や菅野のコピーではない若い選手を
自粛の時代に見せる最高のパフォーマンス
「アイツ、まだ野球やっているよ」と言われるまで

取材・構成――小山宣宏
装丁――木村友彦
撮影――佐々木和隆
写真提供――産経新聞ビジュアルサービス
取材協力――読売巨人軍

第1章

プロフェッショナルとは何か

楽天戦では5割以上打っている説

橋上秀樹（以下、橋上）　引退からずいぶん時間が経《た》ってしまったけれど、まずは19年間の現役生活、お疲れさまでした。

阿部慎之助（以下、阿部）　ありがとうございます。

橋上　現役最後の年（２０１９年）は、ジャイアンツは5年ぶり、慎之助にとっては8度目のリーグ優勝を達成できたわけだけど、19年間の現役生活は長く感じたか？

阿部　過ぎてしまってみると、あっという間でした。例年、シーズンが終わって年末年始を過ぎて、１月後半くらいになると自主トレが終わり、「いよいよキャンプが始まるぞ」と思って備える。その繰り返しでしたから。

橋上　**通算打率２割８分４厘、２１３２安打、１２８５打点、ホームラン４０６本。**プレーヤーとして素晴らしい数字だ。

阿部　いやあ、「あのとき、もう少し一生懸命やっていたら、これ以上の成績を上げられたかもな」っていう思いはあります。

橋上　その気持ちはわかる。オレは2012年から3年間、ジャイアンツのコーチングスタッフの一員として、慎之助を傍《はた》から見ていたけれど、集中力が欠けていると思われる打席もいくつかあったよな。

阿部　キャッチャーをやっていると、打席よりもリードのことで頭がいっぱいになることがあるんです。そこへ打順が回ってくると、「何がなんでも打つ」という執念に欠けていたこともあったと思います。それに、チームには僕以外にもすごいバッターがオーダーにズラッと並んでいましたから、**「ここで僕が打たなくても、誰かが打ってくれる」**という安心感もありました。

橋上　慎之助が入団したときのクリーンナップは、**「3番・高橋由伸、4番・松井秀喜、5番・清原和博」**だったな。たしかに、この3人のうちの誰かがどうにかしてくれると考えたっておかしくはない。

阿部　松井さんが抜けたあとも、ヤクルトから**（ロベルト・）ペタジーニ**、当時のダイエー（現ソフトバンク）からは**小久保（裕紀）**さん、近鉄からも**（タフィー・）ローズ**たちが続々入ってきましたからね。

橋上　そういう慎之助だって、彼らに負けないだけのバッティング技術は持っていたよな。

オレは楽天でヘッドコーチを務めていたときから、**「あれだけの技術があるのに、どうして打撃タイトルを1つも獲《と》れないんだろう？」**って、いつも不思議に思いながら慎之助のことを見ていたよ。交流戦で対戦したときも、慎之助にはいつも打たれていたイメージしかない。試合前のミーティングでも、必ずと言っていいほど、まず立てていたのは慎之助対策だったし。

阿部　僕も楽天と当たるときは、東京ドームであれ、仙台（現楽天生命パーク宮城）であれ、橋上さんのことは常に意識していました。橋上さんの姿を見つけると、「あっ、**（安田学園高校**の）先輩がいる」と思って見ていました。

橋上　東京ドームでも仙台でも、楽天ベンチは三塁側になる。左バッターの慎之助がバッターボックス付近に来ると、必ずニコッとこっちを見て笑って打席に入っていたよな。それで容赦なく、カーン！　とものすごい当たりを打たれる（笑）。当時の楽天の監督だった**野村（克也**・2020年2月11日に死去）さんから、**「阿部は毎シーズン、2割台半ばから後半の打率だが、楽天戦になると5割以上打っているのと違うか？」**って、さんざんボヤかれたもんだよ。

阿部　「先輩の前で下手なプレーはできない」と思って、いつも以上に集中力が増してい

たからですよ、きっと（笑）。

「新入生はまず監督の足の裏の手入れからだ！」

橋上　オレと慎之助の共通点といえば、高校（安田学園）が一緒だったことと、プロ入り当時はお互いキャッチャーだったということ。キャッチャーとしての力量はずいぶんと大きな差になってしまったけど（笑）。高校の先輩と後輩といっても13学年離れているから接点もないし、実は慎之助のことはプロに入るまで正直知らなかったんだ。オレが阪神で引退した2000年に、慎之助は逆指名でジャイアンツに入団した。プロの世界ではちょうど入れ違いになっている。

阿部　そうですね。

橋上　慎之助は安田学園にどういう経緯で入ったんだ？　オレは小、中学校時代にソフトボールと軟式野球をやっていて、他の中学にいた知り合いから「安田学園を受けるから一緒に受けてみないか？」って誘われて、セレクションを受けたのがきっかけだった。それまで硬式野球をやったことがなかったから、バッティングの実技だけ披露したんだけど、

そこでいきなりホームランを打って、入学が決まったんだ。

阿部　僕は安田学園じゃなくて本当は**日大鶴ヶ丘高校**に行きたかったんですが、受験で失敗しまして、2次募集で安田学園に入ったんです。当時は無名だったので、「将来はプロに入る」なんて考えたこともなかったです。

橋上　**中根（康高）**前監督（日本体育大学を卒業後、1981年より安田学園の監督を28年間務めた）と慎之助のことを話したときには、「まさかプロの世界であれだけの成績を残す選手になるとは思わなかった」と言っていたよ。今となっては意外な話だけれど、「これはプロで通用する」という確信というか、何か光るものすら感じていなかったらしい。

阿部　そうだったと思いますよ。高校では甲子園に出場したわけではないし、個人としても大した実績を残していなかったですからね。才能らしきものの芽が出始めたのは、大学（**中央大学**）に行ってからですよ。中大に進むきっかけとなったのは高校3年のとき、たまたま当時の中大野球部の**宮井勝成**総監督（2020年8月7日死去）と**清水（達也）**監督が試合を観に来てくださっていて、その試合で偶然にも僕が活躍したものだから、「ウチで獲ろう」という話になったんです。

橋上　オレは東京近郊の強豪の某大学2校のセレクションに行ったんだ。1つは名将と言われる監督が指揮していた大学で、もう1つはプロ野球選手を多数輩出している大学。行ってみたら、両方の学校に驚かされた。最初に行った大学では、セレクション終了後に突然、監督室に呼ばれて、いきなり水虫だらけの足の裏を見せられて、こう言われたんだよ。

「新入生はまず、オレの足の裏の手入れから始めるんだ」

今じゃとても考えられないことだけど、さすがに「えっ!?　ここには行きたくないな」って思ったな（笑）。

阿部　それ、最悪ですねえ。足の裏の手入れなんか、自分でやるでしょう、普通（笑）。

橋上　それでもう1校は上下関係が厳しい部で、セレクションは1泊2日にわたって行われたんだよ。その夜中に突然、「集合!」の声がかかって、セレクションに来ていたオレたち高校生と大学の1、2年生が廊下にズラッと並ばされた。すると、3年生の先輩の1人が、

「お前ら1、2年生の教育がなってないから、セレクションに来ている高校生のマナーがなっていないんだ!」

と怒鳴り散らして、見せしめのように、これでもかってくらい1、2年生をモップでし

ばきだしたんだよ。あんなのを目の前で見せられたら、絶対にここで野球をやろうなんて思わないよな。「プロから誘われたら、そっちに進んだほうがいいな」と思ったね。

阿部　今だったら、間違いなくパワハラで苦情が来ますよ。僕はそれ、まったく逆でしたね。大学4年でキャプテンを務めていたとき、部員全員の前で最初に言ったのは、「上下関係の厳しいのはナシでいくぞ」でしたから。もちろん、目上の人に対する礼儀や言葉遣いを覚えることは大事だってことはわかっています。でも「上下関係の縛りのなかでシゴくことで、どうして野球がうまくなるんだ?」と問われて答えることができますかってことですよ。絶対にそんなことないですから。**シゴキなんて百害あって一利なし**です。

橋上　野球の技術を磨きたいから大学の野球部に入ったのに、シゴキがひどすぎて、それをかわすために先輩へのおべっかを使うことばかりうまくなったとしたら、なんのための大学野球なんだってこと。本末転倒な話だよ。

谷繁から「ファーストミットの用意をしとけ」

橋上　慎之助のことはプロ入りのときだけじゃなくて、中央大学時代もオレは正直よく知

らなかった。オレ自身、当時はプロ野球選手としてまだ現役だったから、自分のことで手一杯だったし、アマチュアに関する知識も薄かった。ただ、**慎之助は東都の2部リーグ所属だったにもかかわらず、全日本の代表に選ばれていた。**これは相当すごいレベルにいたんだと思う。

阿部　でも、上には上がいるということは理解していました。大学3年生のときに横浜（現DeNA）、4年生のときには日本ハムのキャンプにお邪魔させてもらったんですが（NPBが1999年2月1日からのプロ野球の春季キャンプに、学生・社会人のオリンピック代表候補選手を受け入れることに合意。大学生・社会人などのアマチュア選手が初めてプロ野球のキャンプに参加できるようになった）、ピッチャーの変化球のキレは、大学生とはまるで違うなと痛感させられましたから。

それまでにも**上原（浩治）**さん（当時は大阪体育大学。1998年に逆指名で巨人に入団）、**川上（憲伸）**さん（当時は明治大学。1997年にドラフト1位・逆指名で中日に入団）といった、全日本のトップクラスのピッチャーのボールは受けていたので、ハイレベルなピッチャーの投げるボールのイメージはできているつもりだったんですけれど、やはりプロは違いましたね。

3年生のときに行った横浜のキャンプで見た、**佐々木主浩**さん（のちにシアトル・マリナーズに移籍）や**三浦大輔**さん（現ＤｅＮＡ二軍監督）がブルペンで投げるボールには、「さすが一流と呼ばれるピッチャーの投げるボールは素晴らしい！」と感嘆していました。でも、逆に**「このくらいのボールでもプロに行けちゃうんだ」**とか**「これなら東都リーグのアイツのほうが上じゃないかな」**というレベルの選手がいると知ったことも大きな発見でしたね。

橋上　たしかに、プロにはさまざまなスキルを持った選手がいる。「コイツにはかなわないな」というレベルの選手がいれば、「えっ、君はなんでプロにいるの？」っていうレベルの選手もいるのも事実だ。そのあたりは、スカウティングや所属チームの指導者の教え方にかかってくるところも大きいな。大学3年生のときに見たって言っていた横浜のピッチャーは、「キャッチャーとして見た場合」と、「バッターとして見た場合」と、どちらのほうがすごいって感じた？

阿部　「キャッチャーとして見た場合」ですね。ストレートの速さよりも、変化球のキレ味を見て、**「プロの世界に入ったら、キャッチングで苦労しそうだな」**と率直に思いました。

橋上　慎之助が2000年にシドニーオリンピックに日本代表として出場したとき、レギュラーキャッチャーを務めていたのは**古田（敦也）**だったけど、古田は慎之助のことを、

「キャッチャーとしてはまだまだ改善の余地があるけれど、バッティングに関してはもう自分は負けている」

と評価していたな。


阿部　うれしいですね。キャッチャーのことでいえば、横浜のキャンプに行ったとき、こんなことがありました。バッティング練習を終えたある日の夜、レギュラーキャッチャーだった**谷繁（元信）**さんから部屋に呼ばれたんです。そこで、

「もしウチに来ることになったら、とりあえずファーストミットを用意しておけ」

と言われたことをよく覚えています。

橋上　「横浜のキャッチャーはオレだからな」ってことか（笑）。

阿部　バッター陣もすごかったですよ。僕が横浜の春季キャンプに行ったのは、横浜が38年ぶりの日本一になった翌年の1999年でしたから、**駒田（徳広）**さんや**（ロバート・ローズ）**、ルーキーで**金城**（**龍彦**・現巨人三軍野手総合コーチ）さんが入ってきたときで、プロの打撃力の高さを見せつけられました。なかでも印象に残っているのが、**鈴木尚典**《たかのり》さ

んですね。「ボールをとらえる能力」が高く、バッティング練習を見ていても、「ミスショットが少ないな」と感心していました。

「キャッチャー目線」で考えた長嶋監督

橋上　慎之助のことは、ジャイアンツに指名されてプロに入ったときに、オレは初めて知った。なんと言っても母校出身者のなかで初めてドラフト1位で指名されたんだから、「すごい選手が出てきたな」って相当期待してたよ。

阿部　ありがとうございます。でも、プロの世界はプレッシャーの連続でしたね。目の前でテレビで見ていた選手たちがプレーしているじゃないですか。「オレ、この人たちと一緒に野球やっていいのかな?」って半信半疑の思いを抱きながらプレーしていました。たとえば、試合で三振を取ってボール回しをするじゃないですか。サードには**元木**（**大介・**現巨人ヘッドコーチ）さん、ファーストには清原さんがいる。

「清原さんにボール回ししたいけど、機嫌悪そうだな。元木さんは……やっぱり機嫌が悪そうだな。じゃあ、どっちにボールを回したらいいんだ……?」

って本当に迷いましたよ（笑）。

橋上　当時のジャイアンツのレギュラーは別格だったからな。まさに**「毎日がオールスター」**のような集団。だから、オレがヤクルトに入ってから（1983年ドラフト3位で入団）、5〜6年の間は、ジャイアンツとは対等に戦えるなんて思ってもいなかったよ。ファームでジャイアンツと当たったときだって、「ヤクルトに来たら一軍で活躍できるレベルなんだろうな」という選手がゴロゴロいたし。

そうした考え方を根底から覆してくれたのが野村さん（1990年から9年間、ヤクルトの監督を務める）だった。ジャイアンツと対戦することになっても、監督だった**長嶋（茂雄）**さんに対して、かなり辛らつなことを言えるんだからな。「あの長嶋さんに対して、ウチの野村監督はあそこまで言えちゃうのかよ!?」って、当時のヤクルトの選手は全員そう思っていたはずだよ。

阿部　長嶋さんは僕にとって、入団したときから「神様」のような存在でした。僕レベルの選手が話をするなんてとんでもないってくらい。実際に長嶋さんの采配を間近で見ていると、またあらためて驚かされたこともありました。実に綿密に戦略を練っていたんです。たとえば、長嶋さん自身にキャッチャー経験はなくても、キャッチャー目線で考えたらど

う見えてくるのかということなどを常に考えて采配をしていたんです。

橋上　野村さんはキャッチャー出身だから、キャッチャー目線で物事を考えるのは当たり前だけれど、長嶋さんがそこまで考えているということは初めて聞いたな。

阿部　僕は現役19年間のうち、一緒にやらせていただいた期間が一番長いのは**原（辰徳）**監督でした。13年間、原監督の采配の下で動いてきて痛感したのは、最も勝利に対する執着心の強い監督というと、原監督なんですね。

橋上　うん、オレもそう思う。野村さんも楽天の監督時代に原監督のことを**「主力選手に送りバントのサインを出すなんて、なかなかできないことだ」**って、ベンチのなかでうなっていたよ。

阿部　原監督は、シーズン中に必ずこう言っていました。

「チームの主力選手であれ、外国人選手であれ、送りバントのサインを出す場面は必ずあるから、普段からきちんと練習しておくように」

　もちろん、僕の打席でも例外なく送りバントのサインは出ていました。

阿部の送りバントと相手ピッチャーの反応

橋上　慎之助が送りバントをするとなると、相手ピッチャーはマウンドでどんな心理でいたんだろう？

阿部　それ、僕もすごく気になっていたので、ある年のオールスターのとき、他球団のピッチャーに「オレがバントするときって、どういう気持ちでいるんだ？」と聞いたことがあるんです。そうしたら、彼はこう言いました。

「自動的に1アウトが取れるので、『ラッキー』と思って、迷わずスーッと真ん中付近にストレートを投げちゃっていますよ」

　これ、目からウロコが落ちる思いでしたね。オレのバントにそういう対応をするんだと。「だったら送りバントのサインが出たなら、堂々とバントしよう」と思うようになったんです。

橋上　たしかに一塁や二塁にランナーがいて、慎之助にスタンドへ一発放り込まれる、あるいはヒットを打たれたりするほうが、相手ピッチャーからしたら嫌だろうな。バットを

構えてファイティングポーズをとるのと、バントの構えをすることによってファイティングポーズを止めてしまったのと、ピッチャーとしてどちらがラクかと言えば、断然後者のほうだ。

阿部　バントの構えをしつつ、隙をついてバスターしてやろうと思ったりしたこともありましたけど、さすがにそれはできませんでしたね（笑）。送りバントのサインはあくまでもチームの規律であって、そこでバスターをすれば規律を破ることになりますから。打ちたい、自分の一打で試合を決めたいという気持ちをグッと抑えて、わずかな時間のなかで心の整理をし、「よし、バントのサインが出ているんだから、ここはバントをきっちり決めよう」と腹をくくる。**チームの勝利のために貢献しなくちゃいけない**という気持ちを持つことが大切なんですね。

もちろん、「打ちたい」っていう本心は常にありますよ。でも、僕があえて送りバントをすることで、その後に誰かが犠牲フライを打って1点を取って勝ち越して、そのまま逃げ切ってチームが勝ったっていうほうが、断然うれしいですからね。

橋上　その話を聞いてあらためてわかったけど、ジャイアンツは本当にチームプレーが徹底している。慎之助が送りバントを決めたあとのベンチのなかは、殺伐とした雰囲気は微《み》

塵《じん》もない。むしろ「ナイスバント！」と言って、全員の選手がハイタッチで迎えてくれる。慎之助もそれに笑顔で応えているし、**「チームが勝つために何をすればいいか」**がベンチにいる選手全員に浸透しているんだなって、ベンチ内で見ていた当時は感じていたよ。

阿部　キャッチャーという立場で考えても、9回を1点差でリードしているのと、2点差でリードしているのとでは、心理状態が全然違います。もっと言えば、3点差になれば気持ちはさらにラクになる。「相手チームより1点でも多く取って、最終回を迎えたい」と思うのは、監督であればもちろんのことですし、選手の立場で考えても当然のことですよ。

情に流される野村監督、流されない原監督

橋上　原監督の勝利に対するこだわり方は、12球団一と言っても過言じゃない。オレもいろんな監督さんを見てきたけど、この点は明らかに野村さんよりも原監督のほうが上だ。

選手起用や作戦面においても、野村さんは「コイツにバントはさせられないな」って口にすることがたびたびあって、情に流されることが多かった。でも原監督にはそれがまったくないんだ。**野村さん自身も「オレが名監督になり切れないのは、情に流されることが**

多いからだ」と自己分析していたよ。

オレが野村さんの下でヘッドコーチをやっていたときには、発言の意図がまったくわからなかったんだけど、原監督の下でコーチを務めてようやく、「情に流されないとは、こういうことを言うんだな」って気がついた。

阿部　もし僕が野村さんの下でプレーしていたら、原監督が「ここはバントだ」と思うような場面であっても、間違いなく打たせてもらっていたでしょうね。「丁と半の、どちらが出るか」って博打を打たせても、「打て」となったでしょう。

橋上　そうだろうな。慎之助はバントに対して抵抗はなかったの？

阿部　結局、ものは考えようだと思うんですよ。たしかに、プロ野球選手たる者、打って自分が決めたいという気持ちはありますよね。でも、送りバントのサインが出ていたら、それはチームであり監督の方針なんだから、黙って従うのもプロの仕事だと思うんです。

それに、バントを決めれば「犠打」ということになるので、打率が落ちることはない。でも送りバントを失敗して進塁させることができなければ、犠打ではなく、凡打したことになるので、打数にカウントされて打率が落ちてしまう。この差は大きいんですよ。そうなったら、「是が非でもバントを決めにいこう」と必死になるものです。

橋上　たしかに送りバントを成功させるか失敗させるかで、成績は大きく変わってくるもんな。

巨人での采配を夢見ていた野村監督

橋上　慎之助は野村さんの采配についてはどう見ていた？

阿部　ベンチやキャッチャーズボックスから見ていて、**「何をやってくるかわからない。奇妙な采配だな」**と思って見ていました。対戦相手にそう考えさせることができるということは、やはり優れた監督さんの証《あかし》だと思いますね。

橋上　当時の楽天は戦力の乏しいチームで戦うしかない状況だったからね。**「戦力がないなら知恵を出せ」**っていうのが、野村さんの考え方の根底には確実にあった。でも野村さんは、オレにこう語っていたんだ。

「誰にも言ったことがなかったけど、オレの本当の夢は巨人で監督をやることなんだ」

監督としてだけでなく、選手としても、あれだけ戦力の整ったチームで挑戦してみたかったという思いはあったようだな。

阿部　同じようなことを、**田淵（幸一）**さんも以前、おっしゃっていましたよ。「オレは巨人でやってみたかった」って。

橋上　ジャイアンツがＶ９を達成した、圧倒的に強かった当時を知っている野球人は、みんなそう思っているんじゃないかな。

阿部　今はその文化もだいぶ変わってきていますけどね。**「巨人に行きたい」と言う若い選手が減ってきている**んですよ。寂しいことですけれど、「なぜ巨人に来たがらなくなってしまったのか」を、フロントはもとより、現場の指導者も考えないといけない状況になっています。

橋上　たしかに、それは言えるかもしれないな。昔はＦＡを取得したら、誰もがジャイアンツに行きたがっていたものだけれど、今はメジャーという選択肢がある。

阿部　それに**「プロの世界で長く活躍したい」という発想で考えたら、もしかするとそれは必ずしも巨人ではなくて、ロッテや楽天だったりするのかもしれない。**選手たちの考え方の変化も含めて、「時代は変わってきている」と理解しなくてはいけないんでしょうね。

そういえば、ある先輩選手のことを思い出しました。ロッカールームで砂糖がたっぷり入った缶コーヒーとタバコを手にしながら、若手選手に「健康とは……」って語っていた

んですよ。「いやいや、缶コーヒーとタバコを手にしながら、それは違うでしょう」って突っ込みたくなりながら見ていました（笑）。

橋上　あ、もしかしてあの選手か……。その先輩選手は、若手の頃は健康とかトレーニングに気を使っていたわけじゃない。割と奔放で、練習もそれほどみっちりやってはいなかったって聞いたことがある。それが大きく変わったのは、「結婚してからだ」と周囲の人たちが言っていたな。

阿部　そうなんですか。去年のオフ、その先輩にお会いしてお話ししたとき、「えっ、そんなところまで見ていたんですか？」っていうくらい、いろいろな指摘を受けました。だいぶ変わられたんだなと思いましたね。僕自身、今年から指導者になって、「そこまで見る必要があるんだな」と、いい勉強になりました。

橋上　その人はえらくミーティングの時間が長いって聞いたぞ。

阿部　僕は今のところ、ミーティングには多くの時間を割《さ》こうとは思わないです。そのやり方がうまくいくのかどうか。まあ、こればかりはやってみなければわからないところもありますけどね。

工藤、桑田……捕手を鍛える投手の思考

橋上　慎之助がプロに入ってから、「自分はプロの世界をこの先輩から学んだ」と言うとしたら誰なんだ？

阿部　キャッチャーというポジションにいたからだと思いますが、ピッチャーの方から学んだ部分は大きいですね。たとえば、**桑田（真澄）**さん。**工藤（公康・現ソフトバンク監督）**さんも構え方についてアドバイスしていただきましたけど、桑田さんは工藤さんよりもさらに細かかった。

「試合の中盤でランナーが一、二塁にいたらこう構えてほしい」

「1点リードしている試合の終盤に、ノーアウト一塁の場面がやってきたらこう構えて」

と状況に応じて構え方の指示をいただきました。そして最後には必ず、

「そこまでやってもらったにもかかわらず、慎之助の構えたところに投げられずに打たれたら、そのときはオレが悪い。だから首脳陣から何か言われても、遠慮せずにオレのせいにしてもらっていいからね」

と言ってくださった。ありがたいなって思いました。僕が巨人に入団して間もない、経験の浅い時代にそう言ってくださったことで、精神的な負担はかなり軽減できました。桑田さんのこだわっている部分こそ、プロのピッチャーが持つべき考え方だということがよくわかりました。

橋上　キャッチャーは決めごとの多いポジションだから、精神的な負担が多いのは間違いないな。

阿部　一軍で試合に出ていた当初は、毎日がパニックでした。**一人ひとりのピッチャーごとに球種のサインが違う**から、まずはそれを覚えることから始めなければならない。毎日必死になってピッチャーのサインを暗記していました。

橋上　オレも最初はキャッチャーだったからわかるけど、アマチュアからプロに入ったときって、そこが一番大変だよな。

阿部　アマチュアだと、「これがストレート」「これはカーブ」「スライダーはこうだ」というように、チームで統一のサインを決められるんです。でもプロはそうはいかない。

橋上　プロはフォーメーションにしても多彩だし、守備の扇型の要であるキャッチャーの負担は想像以上に大きいんだ。ましてやルーキーともなれば、試合で活躍する以前に、試

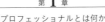

合を戦える態勢を整えなければならない。慎之助は即戦力として入団してきただけに、プレッシャーだって大きなものがあったと思う。

阿部　当時の僕が感じていたプレッシャーは鬼のような状況だったと思いますよ。当時と今では状況もだいぶ変わりましたし。今だと、ブルペンキャッチャーがカウンターを持っていて、ピッチャーが何球投げたかを数えたりしていますけど、僕が入団した当初は、キャッチャーが頭のなかで球数を数えなければならなかった。当時の僕にはそこまでの余裕はまったくなくて、頭が回らなかったですよ。

　僕が入団したときにいたピッチャーの**趙成珉**《チョ・ソンミン》（2013年3月6日に死去）。彼はブルペンでは31球、41球、51球というように、**必ず「（1の位が）1」という球数で終えたがる**んです。もちろん、彼は自分で球数を数えながら投げているんですけど、途中で必ず「今、何球投げた？」って聞いてくる。でも僕は捕るのに必死で全然覚えていない。そこで「25球……くらいです」ってアバウトな数を言うと、「ああ、そう」ってなんとも素っ気ない態度で応対してくるんです。こっちはもう「自分で数えているんだから、いちいち聞いてこないでくださいよ」って言いたくて仕方なかった（笑）。

橋上　オレがプロ入り1年目のとき、春のオープン戦の試合前に同期でヤクルトに入った

髙野光さん（東海大学から1983年ドラフト1位で入団）のボールを受けたんだけど、ストレートをどうにか捕るのに精一杯だった。髙野さんが最後の球を「カーブ！」って言ってきたから、自分でカーブの軌道をイメージして捕球しようとしたら、キャッチャーミットにかすることなく、右足にボールが直撃していたんだ。それを見たコーチは「もういい、橋上代われ」って。こう言われたときは、なんとも情けない気持ちになったな。

「ボールのキレ」とは何か考えてみる

橋上　たしかに、**プロとアマチュアの違いは「ボールのキレ」にある**とはよく言われる。でも一口にキレと言っても、ストレートよりも変化球のキレだ。

阿部　そうなんです。それで、あるとき気がついたんですよ。キャッチャーとしてピッチャーの投げたボールが捕れないってことは、バッターとしても「打てない」んじゃないかって。アマチュアやプロに入りたてのバッターが打席に立って、プロの世界で何年も第一線で投げているピッチャーの変化球を前に**「ボールが消えた」**とよく表現していますよね。プロに入りたての頃の僕も、例外なくそんな感じだったんです。今のレベルのままじゃま

ずいぞ、って本気で焦りました。

橋上　たとえば、スライダー一つとっても、プロのピッチャーの投げるスライダーの軌道は全員違うからね。曲がる幅やキレ、横に滑るのか、あるいは下に落ちるのかなど、「どういう軌道を描くスライダーなのか」をキャッチャーは把握しなくちゃいけない。

阿部　だからこそ「その軌道の違いをすべて覚えられること」が、キャッチャーとしてプロの世界で通用するために重要なんです。そこを乗り越えることができれば、プロでもある程度は活躍できるんじゃないかと思っていました。

橋上　全国から選《え》りすぐりの野球エリートがプロの世界に入ってくるわけだから、変化球のキレがあるのは当たり前。キャッチャーはそこで彼らのボールの軌道を覚えられるかどうかなんだ。「慣れてくれれば捕れるようになる」という考え方もあるけれど、それができないキャッチャーも現実にいる。そもそも野球って、ピッチャーが投げたボールをキャッチャーが捕らないことには、競技として成立しないわけだから、実際には口で言うより難しいものがあるよな。そのためには「質より量」で数多くピッチャーの球を受けるしかない。

阿部　僕もプロ入り当初は、可能な限り数多くブルペンに入って、いろんなタイプのピッ

チャーのボールを受けるようにしていました。その繰り返しによって球質やキレ、さらには「このピッチャーはどんなボールを投げたがるのか」といったことまで摑《つか》むようにしていました。一軍で活躍するには、ピッチャー陣から信頼してもらわなければならない。そのための努力は惜しまず、労力を費やしていました。

橋上　高校を卒業したばかりの選手がプロ野球の世界に入ってきて、いきなり一軍で活躍できる、あるいは自分の持っている能力を最大限に発揮できるというのは、これはもう天性の才能以外にないな。

村田真一を押しのけての一軍起用

橋上　練習で「これはいい！」という選手はいっぱいいる。でも、試合で自分の実力を発揮できるかどうかはまったく別の話であって、それができない選手が多いのもまた事実だ。慎之助はジャイアンツの一軍で通用する自信はあった？

阿部　まったくなかったですよ。僕自身の最初の年のオープン戦は成績もさっぱりでしたし、何より巨人は僕が入る前年（2000年）はリーグ優勝、日本一にもなっているチー

ムでしたから、「本当にこのなかでできるのかな?」という不安のほうが大きかったですね。ただ、春季キャンプでのサンマリンスタジアム宮崎（現KIRISHIMAサンマリンスタジアム宮崎）のこけら落としの紅白戦で、**入来**《いりき》**（祐作）**さんからホームランを打ったことで、少し前向きになれました。

橋上　走・攻・守のどれか1つだけでも、大きな武器を持っていることは、プロの世界で通用するためには絶対に必要な条件だ。慎之助の場合、入団当初、それはバッティングだったということなんだろう。当時のヘッドコーチだった原さんも、それを見抜いていたんだと思う。原さんが「慎之助でいきましょう」と進言して、長嶋さんがその言葉を信じて開幕スタメンでの起用を決断したからこそ、今の慎之助があるんだ。

阿部　いやぁ、かなりの博打だったんだと思いますよ。実力がまったく未知数だったルーキーを、開幕から起用するんですから。

橋上　前年までレギュラーだった**村田（真一）**さんを押しのけての起用だったからな。博打以外の何物でもないか。

阿部　村田さんも生活がかかっています。僕が開幕スタメンで起用されることには当然、納得していなかったと思います。当時、僕とバッテリーを組んだ先輩ピッチャーからも嫌

な顔をされたことがありましたから。「右も左もわからないルーキーをレギュラーキャッチャーに据えるなんて、首脳陣は何考えているんだ？」っていう疑問と不審の目は少なからずあったはずです。直接言われたわけではありませんが、周りのそんな思いがヒシヒシと伝わってきただけに、鬱《うつ》になりそうでした。

橋上　ただでさえドラ１（ドラフト１位）で入団して注目度は高いし、精神的にキツイことは多々あっただろうな。

阿部　ええ。唯一の救いは、僕と同期入団だった**三浦**（**貴**・東洋大学から２０００年ドラフト３位で入団）や前年に入団していた**條辺**《じょうべ》（**剛**・阿南工業高校から１９９９年ドラフト５位で入団）が一軍にいて頑張っていたことでした。彼らがいてくれたおかげで精神的に救われましたし、「オレも頑張ろう」って思えるようになりました。

橋上　その当時、グチを聞いてもらうような相談相手はいなかったのか？

阿部　先輩ではいなかったです。やはり、よく話すのは三浦や條辺あたりでした。三浦は「お前は思い切ってプレーすることだけを考えていればいいんだ」って言ってくれました。彼らの言葉の一つひとつに救われることは多かったですね。

橋上　でも、原さんがヘッドコーチじゃなかったから、慎之助を開幕から起用しようなん

てことにはならなかったかもしれないし、原さんは慎之助にとって間違いなく恩人だよな。

阿部　はい。もっと言えば、原さんの言葉を信じて起用してくださった長嶋さんも僕にとっては大恩人です。

橋上　慎之助の潜在能力は、入団当初から長嶋さんも原さんも認めてくれていたと思う。キャッチャーとしての能力は未知数だったとしても、打つことに関しては間違いなく一軍で通用するレベルにあったと評価していたんだろうね。

森友哉に期待していること

阿部　これは僕の持論なんですけど、**若いキャッチャーを起用するのはアリ**だと思っているんです。そこで大切なのは、**「このときの配球はこうするべき」とピッチャーとディスカッションできるかどうか**。配球に正解はないわけですから、「なぜそのボールをキャッチャーが要求したのか」、その根拠が言えるようでなくてはならないと思うんです。

たとえば、２０１９年は西武が2年連続でリーグ優勝して、**森友哉**君がＭＶＰと首位打者のタイトルを獲得しました。森君は必死に頑張ったと思います。キャッチャーとして**ま**

だまだ課題はあるのかもしれませんが、その裏返しとして「まだまだ伸びしろがある」ともも言えるんです。

橋上　なるほど。オレが西武のコーチ時代（2016年から2018年までの3年間）、森とよく話したけど、慎之助を崇拝していたからね。「僕も打てるキャッチャーになりたいです」って、目を輝かせながら言っていたよ。

阿部　昨年（2019年）の表彰式で森君と会ったとき、

「もっと『森友哉っていうのは、こういうキャッチャーなんだよ』っていうことを、西武のピッチャー陣に理解してもらうことが大切なんだよ」

って話したんです。それで、もし意見の合わないピッチャーがいたら、「だったらいっぱい話をしよう」って議論を重ねていけばいい。十人十色という言葉があるように、10人のピッチャーがいれば、10通りの考え方があって当然なんです。そのなかで自分と合う考え方の人もいれば、考え方の合わない人もいる。アマチュアだったら「自分と考え方の合わない人とは付き合わない」という考え方をしたっていいかもしれないけれど、プロの世界でそれは許されない。

実力のあるピッチャーであるにもかかわらず、**「自分と考え方が合わないから」という**

理由で距離を置いてしまうのは、チームのためになりません。チームが勝つためには、ピッチャーとキャッチャーのお互いの考え方を共有して、ピッチャーの持っている力を100%発揮させるのがキャッチャーの務めであると、僕は考えているんです。西武は若くてこれから屋台骨を背負う有望なピッチャーが多いだけに、数多くのピッチャーとコミュニケーションを重ねていけば、チームとしてももっともっとよくなっていくと思いますよ。そのためには「キャッチャー・森友哉のカラー」というものを、前面に出していくべきだという話をしたんです。

橋上　森に限らず、**中村（剛也《たけや》）**、**浅村**（**栄斗**・現楽天）らと西武時代に接して感じたのは、大阪桐蔭高校出身の選手は**いい意味で「我関せず」**ということだった。だからこそ慎之助が言うように、森が今後成長していくためには、もっともっと自分の特徴というものを、多くのピッチャー陣に知ってもらう必要がある。とくにキャッチャーは、「我関せず」では務まらないポジションだし、広い視野で物事をとらえていってほしい。

阿部　西武はチームの成績が低迷すると、ベテランの**栗山（巧）**が、若い選手に声をかけて気分転換に食事に行くこともあるそうです。チーム内にいる先輩のいい部分をお手本にしていくことだって大切なことだと思うんです。

橋上　慎之助は森と同じくらいの年齢のときは、どんな感じだったの？

阿部　試合前、試合中、試合後と、1日がアッという間に過ぎていく感じで、まったく余裕がなかったですね。それにたとえ負けても、息抜きがなかなかできなくて、その点はたいへんでした。たとえば試合後も、東京ドームから寮に帰る途中で、「コンビニでも寄っていくか」と思ったら、携帯電話が鳴るんです。着信を見たら当時の寮長からで、

「今、どこにいるんだ？」

帰宅時間が遅くなると、決まってこのパターンで、**行動確認の連絡が入る**んです。そこで、「今、試合が終わってからの帰り道なんです」と答えると、

「（首都高速の）永福から寮までどのくらいかかると思っているんだ！　道路公団に問い合わせるぞ！」

となぜか叱られてしまった。その後は「大丈夫です。これからすぐ帰ります」と言って電話を切って、すぐに寮に戻るような毎日でしたから、精神的な余裕などまったくなかったですね。

橋上　それはたいへんだったな。**当時のジャイアンツが1つ負けるのと、今の西武が1つ負けるのでは、意味合いが大きく違う。**周りの注目度や期待値も大きいし、何よりも「勝

つ」ということを、12球団のなかでジャイアンツが最も求められるからな。

阿部　あれだけの布陣を揃えながらも負けると、翌日のスポーツ紙にはボロクソに書かれましたから。「阿部の配球ミスが響く」って。いやいや、負けた原因はそれだけではないでしょうと言いたいところでしたけど、そこはグッとこらえて「今に見てろよ」とリベンジに燃えていました。

橋上　オレはジャイアンツで3年間お世話になったけれど、ここでは「プロ野球のすごさ」というものを教えられた気がする。毎日プレッシャーのなかで戦って、勝てば賞賛されて、負ければまるで鬼の首をとったかのごとく批判の嵐にさらされる。**「ネガティブな情報は目にするな、耳に入れるな」**と言われたって、それをやるのは容易じゃないんだ。

「なぜ打撃タイトルを獲ったことがないんだ？」

橋上　オレがジャイアンツにお世話になったのは２０１２年から3年間。この話が決まったとき、楽しみにしていたことの１つが、間近で慎之助のプレーが見られることだったんだ。

阿部　橋上さんが巨人に来たとき、キャンプのバッティング練習での一言が未だに忘れられないですね。

「これだけの技術を持っているにもかかわらず、なぜお前さんは打撃タイトルを1つも獲れないんだ?」

　これ、プロの世界に入って初めて言われましたよ。僕が巨人に入団したときには、松井さん、由伸さん、**清水（隆行）**さん、**二岡（智宏・現巨人三軍監督）**さんって、生え抜きの選手だけでも相当レベルの高い人たちが揃っていました。FAやトレードで移籍してきた先輩も、清原さんを筆頭に、小久保さん、**李承燁《イ・スンヨプ》**、**小笠原（道大《みちひろ》・現日本ハムヘッドコーチ兼打撃コーチ）**さん、ラミちゃん**（アレックス・ラミレス・現DeNA監督）**と、**誰が打撃タイトルを獲ったっておかしくない人たちばかり。**僕自身、バッティングには自信があったつもりでプロの世界に入ってきましたけど、10年以上、こんなすごい人たちに囲まれて野球をやっているうちに、自分のバッティングがよかったことなんて忘れかけていましたからね。

橋上　楽天のヘッドコーチ時代には、慎之助にさんざん泣かされてきたよ。スタンドの上段に飛ばすホームランを打たれたこともあれば、うまくボール球を拾われてタイムリーヒ

ットを打たれるなんてこともしょっちゅうあった。

阿部　（楽天の本拠地である）仙台は結構好きな球場なんですよ。メジャーのスタジアムで言うところのボールパークの雰囲気がして、足を踏み入れた途端にワクワクするんです。実際にプレーしていても楽しかった思い出が多いですね。

橋上　慎之助がバッターボックスに入った途端、なぜか三塁ベンチにいるオレと必ず目が合うんだよ。しかも表情がほほ笑んでいる（笑）。「またやられるんじゃないかな」って、いつも嫌な予感がしていたな。

阿部　実は僕も「打っちゃいますよ！　今日もいきますよ！」って、イケイケドンドンの気持ちでいたのは間違いないです（笑）。

橋上　楽天戦であれほど打っている印象が強かったのに、シーズンが終わって慎之助の打撃成績を見たら、「えっ、この程度しか打っていないの？　どういうことだ？」っていう数字で、これはもう半信半疑でしかなかったな。

「1年だけ真剣に野球をやってくれないか」の結果

阿部　あのとき、橋上さんには、続けてこう言われたのを思い出しました。

「ひとまずこの1年（2012年）だけでいい。とにかく一生懸命、真剣に野球をやってくれないか」

　それがきっかけで僕の頭のなかの思考が変わったんです。「よし、それなら1年だけ一生懸命やってみようじゃないか」って。それまでの僕は、確かに及第点の実績を積み上げてきていたので、周りの人が誰も僕に注意したりアドバイスできる感じじゃなくなっていたんだと思います。でも橋上さんはビシッと直言してくれたうえに、「ああ、きちんと見てくれていたんだな」と、僕自身もその言葉を素直に受けとめることができた。

橋上　慎之助の楽天戦での活躍と、年間のトータルの成績を客観的に分析したときに、**「集中している打席」と「そうでない打席」の差が激しい**んだろうなって思った。ここぞという場面での集中力と、「お前、右打席で打ってんじゃないのか？」っていうくらい、ちゃらんぽらんな打席の差というのが、映像からも見てとれたんだ。打撃タイトルを獲れ

る選手は、1打席1打席の積み重ねを大事にして、打っても打てなくても変わらぬ集中力を持ち続けている。

たとえば100打席立って、3割打とうと思えば、30本のヒットが必要になる。でも2割7分台の人は27本のヒットしか打てない。つまり、この**「わずか3本の差」が、3割を打てるバッターになれるかどうかの分岐点になる**んだけれど、慎之助の場合、心構えを変えて野球に取り組むことで、今よりさらに打撃成績が向上するんじゃないかってオレは考えたんだよ。

阿部　結果的に2012年は3割4分で首位打者、104打点で打点王の二冠を獲得することができました。この年はオフになった途端にドッと一気に疲れが出ましたけれど、リーグ優勝、日本一も達成することができたし、MVPも獲得しました。おかげさまで極めて充実した1年にすることができました。

橋上　このときの打率に関して言えば、古田が首位打者を獲ったときとほぼ同じ打率（1991年の3割4分）で、キャッチャーとして最高の打率だった。これは胸を張っていいんじゃないか。2012年の打率を月別に見ていくと、3〜4月が3割2分5厘、5月が3割1分6厘、6月が3割3分8厘、7月が3割1分8厘、8月が2割9分6厘、9月が

4割4分7厘、10月が3割ちょうどと、シーズンを通してばらつきがなかった。

阿部　優勝のかかった9月に4割以上の数字を残していたんですね。3年ぶりのリーグ優勝がかかっていましたから、それまで以上に集中していたんだと思いますよ。

橋上　この年はファーストも守っているけど、打率はキャッチャー専任のときよりも良かったな。キャッチャーでは111試合に出場して、打率が3割4分3厘、ホームランが20本、打点85。ファーストでは21試合に出場して、打率が3割5分4厘、ホームラン7本、打点17だった。

阿部　そういえば、**ファーストのポジションを打診してくれたのも橋上さん**でしたね。

橋上　当時の慎之助はキャッチャーとしてバリバリやっていたんだけれど、たまにファーストを守ることで精神的にリフレッシュするのも大切じゃないかと思ったんだ。

阿部　それがあったからこそ、（2015年に）首を故障したときに、キャッチャーとして諦めをつけることができたんですよ。

「キャッチャーが無理なら、ファーストができるよな？　だったらファーストに専念してみよう」

と考え方を切り替えることもできましたし、もしキャッチャーしか守るポジションがな

ければ、僕は首を痛めた時点で引退を決意していたかもしれません。「キャッチャーがもう無理なら、潔《いさぎよ》く身を引くしかないな」って。でもファーストという、それまでとは違うポジションを守って、違う景色を見たことで、「やっぱり野球って楽しいな」と、野球の魅力をあらためて再認識させられた部分はありますね。

スポーツ紙はどこもかしこも「阿部批判」

橋上　キャッチャーはとにかくストレスのかかるポジションなうえ、慎之助の血液型はA型。大らかそうに見えて、実は結構、ストレスをためるタイプなんだよな。

阿部　若い頃はメディアから叩かれるのも正直、きつかったですね。見ず知らずの人からボロクソに叩かれて、かなりの人間不信になって、人を信用しなくなっていました。どんなに仲良くなっても信用はしない。心のどこかで、**「頼りになる」と信じても、確かなものと信じて受け入れることはしない。**そこは使い分けるようになりましたね。

橋上　楽天時代、オレもよく野村さんにも言われたもんだよ。**「人を信頼はしても、信用はするな」**って。

阿部　今でこそ叩かれることは少なくなったけれど、巨人に入団した当初は、僕もマスコミの洗礼を嫌というほど受けましたからね。

「阿部のリードからは意図が感じられない」

「敗因は阿部のリード」

「阿部、プロの洗礼を受ける」

自分でもわかっている部分はあるのに、それに追い打ちをかけるように批判される。しかもどのスポーツ紙をめくっても、必ず「阿部批判」が書かれている。人生経験を積んできた今ならまだしも、マスコミに叩かれることに対して免疫のない、当時の僕にしてみたら、これは相当に精神的なストレスとなりました。

橋上　プロ野球で注目度のもっとも高いジャイアンツのドラ1だから、何か気になることがあれば、重箱の隅をつついてでも批判したいんだろうな。とくに夕刊紙は、「部数を稼ぎたい」と考えるだろうから、おのずとジャイアンツ批判の記事になりがちだ。

阿部　以前にはこんなこともあったんですよ。顔なじみの記者さんと食事に行って、フレンドリーに話していたつもりだったのに、その翌日になったらその記者が所属する新聞の紙面で「阿部、リード面で課題が多い」って、批判記事を書かれてしまう。「おーい、こ

れ書いたのは、昨日一緒に食事に行ったあなたですよね？」って、思わず突っ込みたくなっちゃうなんてことも実際にあったんですよ（笑）。

橋上　そりゃあ人間不信にもなるよな。味方だと思っていた人が、裏では実は批判記事を書いていたなんて。

阿部　今だったら「昨日話したのはこういうことだから、きちんとデスクに言っておいてね」って後からでも説明することができますけど、入団1、2年目の当時の僕にはそうやってフォローする手段が考えられなかった。それだけに野球以外の部分での、精神的なストレスはたまる一方でしたね。それを聞いて、條辺は「阿部さんはスポーツ紙を絶対見ないほうがいいですよ。自分が「この人は！」って信じられる記者の人以外、接しないほうがいい」って言ってくれて。「そうだな、そういう考え方もあるよな」って、妙に納得しました（笑）。

メディアの野球リテラシーについて

阿部　よみうりランドの練習場に取材に来るのは若い記者が多いんですが、なかには野球

に対して不勉強な人もいるんです。あるとき、**畠《はたけ》（世周《せいしゅう》）**とキャッチボールをしたとき、

「ボールの伸びはどうでしたか？」

と質問してきたんですが、「いやいや、それは本人に聞いてくださいよ」って思うしかなかったんです。それまでにも僕は畠のボールを毎日受けていたわけじゃないですし、投げたときの感覚、ボールの伸びやキレは、僕以上に本人が感じる部分があるでしょうから、「それは投げた本人に聞くのが一番でしょう」って言いたくなってしまうんです。

橋上　ブルペンでバシバシ投げているボールを捕るのなら、伸びやキレについて聞かれても答えられるかもしれないが、キャッチボールの段階じゃ答えようがないな。

阿部　**そういう記者たちは恐らく、僕たちと多く会話をして仲良くなることだけを考えている。**でもそれだけでは信頼関係は築けないんです。僕は2019年の秋、二軍と三軍の合同練習のとき、全選手を前に、

「わからないことがあったら一緒に考えていこう。そうやって野球のことを学んでいく力を養っていこう」

って言ったんですが、同じことをマスコミの人たちにも言いたいんです。わからないことがあったら一緒に話し合って、そうして少しずつ、一歩一歩、着実に歩んでいくような

信頼関係を築いていきたいっていう気持ちが、僕の心の根っこにあるんですよ。

橋上　たしかに、仲良くなろうとする前に「野球」という競技について、もっともっと語り合うことで築いていける人間関係ってあるもんな。

阿部　たとえば畠のケースで言えば、ボールのキレうんぬんじゃなくて、投げたときのリリースポイントは一定であるかどうかに注目したっていい。手からボールを離すリリースポイントの位置がわずか数ミリずれただけで、キャッチャーミットに到達するまでに何センチもずれてしまう。そうした点をチェックするだけで、畠の現在のコンディションの状態が見えてくることだってあるんですから。

橋上　それはむしろ、こちら側から記者たちに教えてあげるべきじゃないか。彼らのなかに野球経験者はいなくもないけど、大半は未経験者なんだからさ。「こういう視点で野球を見ることも大事ですよ」って一言言ってあげることで、記者も「ああ、そういう見方もあるのか」といった新たな発見につながることだってあるはずだ。

阿部　もちろん、僕からもそう言ってあげたい気持ちはあるんです。ただ、その一方で「阿部監督と仲良くなっておこう」という目的のために近寄ってきて、野球のことはまったく知ろうとしない、学ぼうともしないで人間関係をつくりたがる人もいる。はっきり言

って、これはよくないです。

橋上　記者だって、デスクから「監督と仲良くなってこいよ」と言われていることもあるだろうから、そこをミッションとして、忠実に果たそうとしているだけなのかもしれない。たしかに、それも大事なことではあるかもしれないけど、**「野球を学ぼうとする姿勢」**は見せてほしいね。

阿部　たとえば新人の記者さんだと、緊張しちゃって突拍子もないことを言いだすこともあるかもしれない。でも、野球のことを勉強していれば、ピントのズレた質問をしてくることはないはずなんです。大学時代にもこんなことがありました。4年生のときの僕は「ドラフトの目玉」としてマスコミに取り上げられる機会も多くなったんですけど、そこでいつも記者から聞かれるのは、志望球団や直前に迫っていたシドニーオリンピックの話ばかり。キャッチャーのことを聞かれることはほとんどなかったんです。

たとえば、当時の僕は「強肩」と言われていましたけれども、

「多少ピッチングモーションを盗まれても、セカンドで刺すことができれば、ピッチャーが思い切って投げられるんじゃないか」

と思って、送球の正確さを向上させる練習に取り組んでいたんです。でも、そうした姿

はまったく報道されなかった。それがもどかしくて仕方がありませんでした。

橋上　マスコミはわかりやすいところに飛びつくからな。目立つ部分だけ取り上げるっていうのは、昔からよくあることだよ。

阿部　**目立つところだけでなく、小さな部分もじっくり見てほしいんですよ。**広い視野を持って取材していただければ、もっと面白い記事になるんじゃないかって思うことも、よくあります。国会担当の記者だったら、あらかじめ政治の勉強をしているわけじゃないですか。経済担当だったら、株価や企業のことについても勉強している。野球だって同じことなんです。最初はよく知らなくても、少しずつ知識を積み重ねていけば、的を射た質問ができるようになってくる。そういう記者になってもらうには、僕も一緒に勉強していく必要があると思っています。

橋上　お互い切磋琢磨していくことで、築いていける信頼関係は必ずある。双方ともに上から目線ではなく、対等の目線で話すということが大切なのかもしれないな。

阿部　そのうえで「野球の記事を書くプロフェッショナル」であるからには、もっと野球の奥深さを知ってほしいですし、記者さん自ら追求する姿勢も見せてほしいですね。

巨人の某先輩いわく「フェラーリを買いなさい」

橋上　今の若い選手はオンとオフの使い分けがうまいように見てとれるけど、慎之助の若い頃はどうだったの？

阿部　入団してから2年目までは、前にお話しした通りの寮生活でしたし、精神的なリフレッシュもできませんでした。休みの時間をどう有効活用させようかなんて、とてもじゃないですが考えられなかったです。それに休みの日があっても、**門限は夜10時**ですからね。これは高卒だろうが大卒だろうが、一切関係ありません。

橋上　寮生活はそういうもんだよ。仕方のないところはある。

阿部　車にもそれなりにお金を使ってきたのですが、大卒1年目で、オールスターの時期あたりまで一軍に定着していたら、「車通勤はＯＫ」と認められるようになったんです。それでいざ車を買ったら、今度は週刊誌にすっぱ抜かれて、**「阿部、契約金と同じくらいの高級車をゲット」**って（笑）。

橋上　車のことまであれこれ書かれたら、もう笑うしかないな（笑）。車は何買ったん

だ？

阿部　ゲレンデ（メルセデス・ベンツの最高峰SUVとなるGクラス）です。

橋上　そりゃまた、いきなり高級車に走ったんだ。

阿部　ある先輩に言われていたんです。

「車を買うなら、中途半端な車を買うんじゃないぞ。巨人の一軍で試合に出させてもらっているんだから、東京ドームの入り口で、ファンの子どもたちから、『わあー、すごいな、あの車！』って驚かれるような車じゃなくちゃダメだからな」

子どもたちが「プロ野球選手って、すごいお金持ちなんだ。よおし、僕も将来、絶対プロ野球選手になってやるんだ」と思われるような車に乗って現れないと意味がないと、アドバイスしていただきました。

橋上　「高級外車に乗る」っていうのは、プロ野球選手としてのステータスだけでなく、ある意味、使命かもしれないな。昔も今も、プロ野球選手は多くの子どもたちの憧れの存在でなくてはならない。その1つが「どんな車に乗っているのか」だったりするからね。

阿部　その先輩からは**「フェラーリを買いなさい」**って言われたんです。「いや、お言葉を返すようですが、僕の風貌でフェラーリは似合わないと思うのですが……」って言った

ら、苦笑いされました（笑）。

橋上　オレのヤクルトの現役時代には、慎之助が言うような、強烈な印象に残っている先輩はいなかったかな。強いて言えば、一軍の監督だった**土橋（正幸）**さんかな。広島への遠征中、門限までに帰ってこなかった5人の選手の部屋に「戻ってきたらオレの宿泊している部屋に来い」って張り紙をしたんだ。そこで3人の選手が、門限を4時間近くオーバーして戻ってきて、そのうちの1人の選手の自宅に直接電話をした。そうしたら、選手の奥さんが電話口に出たんだよ。その奥さんに、

「お前さんはいったいダンナにどういう教育をしているんだ！　門限を平気で破らせるなんて、とんでもないことだぞ！」

って深夜2時くらいに大説教を食らわしたらしい。翌朝になって戻ってきた2人の選手は、翌日移動日だったんだけど、延々とグラウンドを走らされていた。そう考えると、ヤクルトは真面目な人が多かったよ。オレが入団したときは外車禁止だったし、主力選手だった**松岡（弘《ひろむ》）**さんや**若松（勉）**さんは、国産のクラウンやセドリックに乗っていたからね。ところが野村さんがヤクルトの監督に就任した途端、いきなり神宮球場のクラブハウスにパープルカラーのベントレーに乗ってきたんだよ。それで外車に乗るのは、なし崩し

的に解禁になったんだ。

阿部　こればかりは球団によって考え方が違いますよね。でも僕は先輩から「子どもたちが『スゲーッ！』って驚き、憧れるような車に乗りなさい」って言われたことで、「プロ野球選手とはこうあるべき」という姿勢の一端を学んだような気がしています。

第2章

巨人の二軍選手をどう鍛えるか

メンタルと技術の割合は「9・8：0・2」

橋上　**野球はメンタルのスポーツ**って言われるけれど、ジャイアンツで野球をやるのはフィジカル面だけじゃなく、メンタル面にこそ相当なプレッシャーがあるよな。

阿部　少しでも調子が落ちてきたら、マスコミから叩かれますからね（苦笑）。

橋上　そこが実は一番大きいんだ。たとえば、**西武の山川（穂高）や森がジャイアンツに来たとしても、今と同じような活躍ができるのかと言われたら、それはかなり疑問だ。**

阿部　たしかに彼らはお墨付きの技術はあります。でも、最終的に求められるのはメンタルなんですよね。

橋上　西武だったら、勝っても負けてもマスコミから叩かれる心配は少ない。でも、ジャイアンツに行ったらそうはいかない。

阿部　ノーヒットの試合が3試合続いただけでも「不調」って言われますからね。

橋上　森のリードにしたって、試合の終盤で逆転負けを食らったりしたら、「あのリードが敗因だ」とか、矢面に立たされるだろう。

阿部　だからこそメンタルって大切なんです。あくまでも僕の考え方ですが、**メンタルと技術の割合は、「9・8：0・2」**くらいの違いはあると思っています。それに、巨人のユニフォームを着て、「プロの選手です」と言っても、それだけではプロとは認めてもらえない。**一軍で活躍しないことには、プロ野球選手とは言えない**んです。

橋上　ジャイアンツで活躍してきた慎之助は、相当タフなメンタルの持ち主なんだろう。楽天だったら600本くらいホームラン打ってたかもな（笑）。

阿部　打っていた自信……なくはないですけどね（笑）。

古田と正反対「打たれたら引きずるタイプ」

橋上　慎之助の現役時代を見ていて思ったのは、責任を過度に背負いすぎているなってことだった。とかくキャッチャーというポジションは、ピッチャーが打たれたら批判されがちだけど、それを一身に背負っていたように思う。実は繊細なタイプにもかかわらず、あれは見ていて気の毒だった。それだけにオレがジャイアンツに行ったときには、**慎之助の精神的な負担を軽減させよう**と思って、心のケアを第一に考えていたんだ。

阿部　たしかにそうかもしれないですね。

橋上　たとえば、相手打者のボテボテのゴロが内野の間を抜けてヒットになったとする。このとき、「まあ、いいところに飛んだからしょうがないか」と思えるか、もしくは「えっ、あの当たりがなんでヒットになっちゃうんだよ」と思うかによって、その後のキャッチャーのリードに大きな影響を与えてしまう。

　オレが以前、ヤクルトで一緒にプレーしていた古田は、明らかに前者のタイプだった。「まあ、あれがヒットになっちゃうのはしゃあない」とあっけらかんとしていて、一喜一憂することなく次のバッターのリードに影響が出ることはなかった。でも慎之助は古田とは反対に後者のタイプだよな。結構引きずっちゃうところはあったんじゃないか。

阿部　こればかりは、性格的なところもありますからね。

橋上　楽天時代に指導していた**嶋**（**基宏**・現ヤクルト）は、いい意味であまり深く考えずにリードしていた。当時の楽天は「何がなんでも勝つ」というチーム状況ではなかったから、過度な責任を背負う必要もなかったという、気負いのなさも関係していたのかもしれないな。

阿部　巨人の場合はそうはいかないですからね。首脳陣やチームメイトはもとより、マス

コミ、ファンからも常に「勝つこと」を求められますからね。現場は、いつでもプレッシャーとの戦いですよ。

橋上　プレッシャーを抑え込むには、経験を積み重ねていくことで考え方を切り替えるノウハウを身につけていく必要があるんだけれど、プロ入りしてから2～3年目のうちはそうも言っていられないよな。

阿部　1年目（2001年）のチーム順位は2位、2年目がリーグ優勝と日本一、3年目が3位。傍から見たらいい成績だと思われるかもしれませんが、巨人では**「まだまだ上があるじゃないか」**って周囲から見られていましたからね。打たれたらそれはもうキャッチャーの責任なんですよ。

橋上　キャリアを積んで、それなりの実績を残していけば、周囲から認められるようになる。そうなってくれれば精神的な負担は軽減するかもしれないが、「プロの世界で5年、10年も経験したから」という年数としてのキャリアは関係ないんだ。慎之助がやりやすい、あるいはやりがいを持ってプレーできるようになったのは何年目くらいのときだった？

阿部　2007年シーズンあたりからですね。ちょうどキャプテンに指名されて、チームメイトのまとめ役を任されました。この年、ジャイアンツは5年ぶりのリーグ優勝を決め

たのですが、優勝を決めた東京ドームの試合（10月2日のヤクルト戦）で、清水さんがショートに打球を打って、**宮本（慎也）**さんが捕ってファーストに悪送球、清水さんがヘッドスライディングでセーフになった瞬間、二塁ランナーだった僕はヘッドスライディングでサヨナラのホームインを決めたんです。あの爽快感は大きかった。

結果が出せなきゃクビであることを忘れるな

橋上　プロの世界で通用するためには、**見えないところでどれだけ質の高い練習をしてきたか**ということが大切だ。慎之助は若い頃、どうやって技術の向上に努めてきたんだ？

阿部　とにかく練習することしか考えていませんでした。休みの日もとにかくグラウンドに来て、練習練習の日々。「チームが勝つためには、自分が練習して技術を向上させること」、もうその一心でしたね。もちろん、ドラフト1位で入団したからには、フロントや首脳陣、先輩がた、ファンの人たちすべてが僕に期待しているわけです。この**猛烈なプレッシャーをはねのけるためには、愚直に練習して技術の向上を図るしかなかった**んです。

そして、入団以来ずっと忘れてはいけないと思っているのは、プロ野球選手は全員が

「個人事業主」だということなんです。練習を積んで技術を上げて、一軍の試合で結果を残すことができれば、年俸はグンと上がる。逆に結果を残せなければ、減俸、ヘタすればクビ、つまり戦力外になるわけです。非常にシンプルでわかりやすい世界ですが、一般のビジネス社会よりはるかにシビアな世界でもある。そうした環境下で結果を残していくには、やることは1つしかないってことですよね。

橋上　もちろん、練習したからと言って、それですべての結果がいい方向に向かうわけではない。しかし、やらないよりもやったほうが、結果を残せる確率は絶対に高くなる。

阿部　今のジャイアンツの若い選手を見ていると、一軍で活躍するための練習を積んでいるというよりも、**「野球という授業を受けている」ようにしか見えない**んですね。コーチが先生で、選手が生徒という立場で、あらかじめ作成した練習メニューを、決められた時間のなかで黙々とこなしていく。そうして一通りこなして夕方になったら、「はい、今日の練習は終わりですよ」となる。これって、学校で授業を受けているのとほとんど変わらないことですよね。僕は「それで本当に一軍で活躍できるのか？」って思ってしまうんです。そう考えると、むしろ球団は、選手に対して今よりもしつこく、

「今年1年、結果を残せなかったらクビになるんだよ。そうした文言が契約書に書いてあ

るでしょう？　それを承知のうえで契約書にハンコを押しているんでしょう？」

と言ってあげることが必要だと思っています。

橋上　「監督やコーチの言うことを聞いていれば、長く野球ができる」と思ったら、大間違いなわけであって、**「長く野球をやる＝一軍で実績を積み重ねること」**なのだから、そのあたりを勘違いしちゃダメなんだよ。

阿部　チームで定められているルールを守るのは、一選手として以前に、社会人として当たり前のことなんです。その点に関しては、球団も全選手に対してきちんと教育を施していると感じています。でも、「練習しなければ、結果は自分自身に返ってくる。そうなったときに覚悟はできているの？」ということは言っていないようなんです。**自立心を育む**という意味で、球団はもっと厳しいことを言うべきなんじゃないでしょうか。

誰のどの部分の技術を参考にすべきか

橋上　独立リーグの新潟アルビレックスで監督をやっていたとき（2011年）、若い選手から、「技術はどう習得するのか」と、たびたび聞かれたことがあった。慎之助は野球

の技術については、「見て覚えて身につけていた」のか、それとも「教えられて身につけていた」のか、どちらだった?

阿部　両方大事なんだと思います。現役時代は、自分の目で見て、それを練習で実践してみて、どうしてもうまくいかなければコーチに聞いてみるという感じでしたね。コーチから聞いたアドバイスが自分に合っているのかどうかということも大切だと思います。

橋上　人の技術を目で見て盗み取ることはもちろん大切なことだし、プロの一軍で活躍するためには必要なことなんだけど、そのときに「どこの部分を見ているか」は、その人のセンスにかかってくる部分だ。

たとえばバッティング。バッターボックスに立ったときの構え1つとっても、10人いれば10通りの構え方がある。そうしたときに、どこを見るべきなのか。軸足の体重のかけ方なのか、バットを構えた位置なのか、はたまたそれ以外の部分なのか。この問いに正解はないし、**誰の、どの部分を参考にするか**によって、技術の習得度合いは大きく変わってくると思う。漠然と見ているだけなら、何も得るものがない。

阿部　ピッチャーであれ、バッターであれ、プロの世界に入ってくるということは、何か光る才能を持っていて、球団のスカウトから評価されたからなんです。それが数年してみ

て、「なんだか個性がないな」なんてことになったら、それは選手だけの原因なのではなく、現場を預かる指導者にも問題があったんだと思います。

橋上　たしかに、今の時代で選手の技術を大きく変えることは、周囲とのコンセンサスが必要だ。たとえ担当コーチであっても、「この選手はオレが変えてみせる」と言って勝手に変えてしまうのは問題視される。それにAコーチとBコーチの言っていることが違ったら、それを聞いた選手は間違いなく混乱してしまうだろう。

そうした問題を回避するためにも、1人の選手の技術を大きく変えたいのであれば、それが二軍の選手の場合は、「二軍監督やコーチらの同意を得てから変えていこう」とするのが、今の時代のコーチングの手法の1つだ。

大田泰示が日ハムで成功した脱・巨人流

橋上　コーチングの面から考えると、慎之助の若い頃はコーチからいろいろなことを相当言われていたんじゃないか。

阿部　そうですね。2人のコーチの言っていることが全然違う、ということはたしかにあ

りました。けれども僕は、**たくさんの情報を収集して、たくさんの情報を捨てる**ことができていました。つまり「このコーチが言っているなかで、この部分は必要だけど、ここから先はすべていらない」という感じで、自分なりの情報の取捨選択はできていたんです。

橋上　必要な情報は拾わなくちゃいけない。たとえば、誰かのバッティング練習を見ていて、「あの選手のトップの形はいいな」と思ったら取り入れてみる。しっくりくるのであれば自分に取り込めばいいし、合わないと思ったら捨てていけばいい。

阿部　たとえば、日本ハムにトレードで行った**大田泰示**。彼は２００８年に東海大相模高校からドラ１で巨人に入団して、周囲に期待されて騒がれるなかで、結果が残せなかった。でも日本ハムでは、もともと持っていた才能が花開いている。「今の自分はどんな技術を習得すべきなのか」を見つけることができたからこそ、大成したと思うんです。

橋上　西武時代にオレは泰示本人に「どうしてこれだけの成績を残すことができるようになったんだ？」って直接聞いてみたんだ。こう話していたよ。

「巨人時代はいろんな人からアドバイスをもらっていたのですが、それを消化するのに精いっぱいだったんです。でも**日本ハムに行ったら、誰も何も言ってくれない。それならば自分で考えて技術を身につけるしかないな**と思って、巨人時代に学んだことを振り返りな

がら、『ここはこうしてみよう』と試行錯誤していったら、うまくいったんです」
成功は偶然によってもたらされるものではない、「必然」という流れがあるんだなと、泰示の話を聞いていて思ったね。

阿部　コーチから言われたことだけを淡々とこなすだけでなく、自分で考えながら練習して技術を身につけていく。これができた選手だけが一軍で活躍できる可能性を高めることができるんです。

指導者はいきなり最上級レベルを求めてはいけない

橋上　若い選手ほど、どんなアドバイスを送るべきかが大切になってくる。たとえば、ジャイアンツには**菅野（智之）**という実績十分のエースがいるが、誰もが彼クラスのピッチャーになれるわけじゃない。それだけに「かけてあげるべき言葉」は、幾通りもあるべきだし、その選択が大切になってくると思うんだ。

阿部　選手の力量を見て、それぞれのレベルに合った声かけをすることは、非常に大事ですね。たとえば、ピッチャーのレベルをA、B、Cの3つのランクに分けたとします。当

然ですが、Cランクのピッチャーに対して、Aランクと同じレベルを求めるのは酷なんですよ。そこで僕は、Cランクのピッチャーに対しては、できる限り褒《ほ》めるようにしています。イニングを終えてベンチに戻ってきたときにも、「あのボールは良かった！」とか。この一言でCランクのピッチャーは自信を持てるようになる。

一つひとつ技術を積み上げていくことで、**技術の向上に加えてポジティブな気持ちが持てるようになっていく**んだと、僕は思いますね。

橋上　たしかに、**指導者はいきなり最上級のレベルを選手に求めちゃいけない**。プロに入ってくる選手は高卒、大卒、社会人とそれぞれだけど、高卒と社会人出身の選手とでは、技術・体力ともに大きな差がある。それを一緒くたにして教えてしまうのは、指導者としてやってはいけないことなんだ。

阿部　高卒でプロに入ってきて、いきなり「自信を持て」と言われたって、そもそも「今の自分がどのレベルにあるのか」を本人が把握できていないわけですから、その点から理解させてあげることは重要ですね。

橋上　日本ハム時代の**ダルビッシュ**（**有**・現シカゴ・カブス）や**大谷**（**翔平**・現ロサンゼルス・エンゼルス）、楽天時代の**田中**（**将大**・現ニューヨーク・ヤンキース）など、高卒

でも即戦力レベルの選手もいるにはいるけれど、彼らのような選手は何年かに一度のレベルだからね。高卒の未知数の選手を育てるという意味では、彼らの育成方法は、あまり参考にしてはいけないのかもしれない。

阿部　「できない」という判断を下すのは一軍の首脳陣ですけれど、ある程度のレベルにいる高卒の選手は少なくありません。でも、最終的には「一軍レベルじゃない」と判断されて二軍に落ちてくる。そのときの彼らは「ああ、一軍ではダメだったな」とうなだれていることが多いんです。そのときに二軍の指導者は何をすべきか。僕は一番の問題である、

「なんで二軍に落ちてきたんだ？　何が足りなかったんだ？」

　ということをストレートにヒアリングしてあげることが、まずは重要なんじゃないかと考えています。それが明確にならないと、選手たちも二軍でどんな練習をすればいいのかが見えてこない。二軍に落ちた、だから「みんなで一緒に練習して技術の向上に努めましょう」では、その選手にとって、本来身につけなければならないスキルを見失ってしまうと思うんです。

橋上　たしかにそれはキモになる部分だ。慎之助はキャッチャーとして長年いろんな選手を見てきて、どんな選手が伸びて、どんな選手が消えていったかをよく知っている。こう

した言葉がスッと出てくるのは、そんな来歴も影響しているんだろう。それだけにジャイアンツファンも「阿部二軍監督はどんな選手を育てていくのか」に注目しているのは間違いないな。

内田順三、弘田澄男の鬼コーチから学びとったこと

阿部　どの世代かはあえて言いませんけれど、コーチのなかには「一軍で活躍しているあの選手は、実は私が指導したんだ」などと周囲に吹聴しがちな人もいます。選手の立場からすると、「いやいや、コーチのアドバイスだけじゃなくて、いろんな情報を聞いて、全部とは言いませんが大半以上の情報を捨てて技術を習得したから、今があるんですよ」と反論したくなってしまうものなんですよ。

橋上　わかる。教えた選手が一流になればなるほど、自分の手柄だと暗に言いたがる人はいるよな。でも、そうしたことを周囲にあえて話す人ほど、実は選手たちからあまり信用されていないということもあるんだ（苦笑）。

阿部　僕が入団した当時、一軍のバッティングコーチは**内田（順三）**さんでしたが、とに

かく練習することに主眼を置いた指導をしていただきました。入団1年目の、不慣れな環境で疲れがたまっていようともおかまいなし。とにかくバットを多く振ることを義務付けられたんです。そのときの自分に必要な技術の習得が何よりも先決であるという考えで。

練習方法についても、内田さんは目のつけどころが非常にユニークでした。打撃のインパクトの感じがしっくりこなかったときに、「どんな練習をしたらいいのでしょう?」と聞くと、

「ソフトボールを打ってみたらどうだ?」

ソフトボールは野球のボールに比べて大きくて重いし、ボールの芯を打たないと飛んでくれないので、打っているうちに手も痛くなってしまう。インパクトの瞬間にバットにボールを乗せることを意識させるにはいいかもしれないなって、僕も直感で思ったんです。

橋上　たしかにそれは一理あるかもな。

阿部　翌日、ソフトボールを買ってきて、試しにティーバッティングで打ってみたら、いい練習になったんですよ。実際にバッティングも復調しましたから。

橋上　自分を追い込むほどの練習をやるのは、プロは当たり前だけど、今はそこまで追い込んで練習している選手は少ないかもしれないな。

阿部　僕が1年目のときのバッティングコーチだった内田さん、**弘田（澄男）**さんは、まさに鬼でした。春季キャンプでは毎日、心身ともにクタクタになるまで練習していた思い出しかないです。唯一の癒しになってくれていたのが、宿泊先だった青島グランドホテルに勤めていたおばちゃんたち。夜食に焼きうどんを作ってくれたり、汚れたユニフォームの洗濯をしてくれたこともあって、疲労困憊《こんぱい》のなかで本当に感謝しかなかったですね。

プロがアマに教えるのにライセンスは必要か

橋上　アマチュアの技量のまま通用するほどプロの世界は甘くない。妥協することなく徹底的に鍛えてくれるコーチがいてくれたからこそ、今の慎之助はあるのかもしれないな。

阿部　若いときにハードな練習をし続けたことが、19年間に及ぶ現役生活へとつながっていったんだと思います。現役の終わり頃についても、春季キャンプ中は調整ではなく鍛錬に励んでいましたし、「阿部慎之助はここまで体ができていますよ」という姿を首脳陣に見せてきたつもりです。そうすることで、「よし、ここまでできているなら、（第2次キャンプの）沖縄に帯同させよう」と認めてもらうことができましたし、沖縄に行ったら行っ

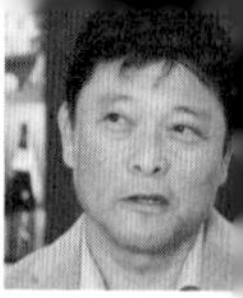

たで、「オープン戦で起用できる状態」まで仕上げていくようにしていました。

一歩一歩階段をのぼって、「開幕スタメン」の座をつかみとっていたんです。

橋上　19年間もの現役生活を続けられた背景には、「結果を出し続けることができた」ということも理由として当然あるけれど、**地道に練習に励んで、大きなケガをすることのない、タフな体をつくってきていた**のも大きな要素だったのは間違いない。

阿部　内田さんに相当キツイ練習をさせてもらったおかげで今の僕がある、と言っても過言ではないですね。ただ、今のプロ野球に関して言えば、実は「あなたは本当に指導者なんですか？」って言いたくなるような話も、他のチーム関係者から聞いたことがあるんですよ。それが事実であれば、野球界にとってマイナスになるんじゃないかと思うところはあるんです。

橋上　昨年、オレがアマチュアの講習会に参加したときに、「野球もいずれはサッカーのようにライセンス制にしたほうがいい」という話が聞こえてきたのも、そういう状況を危うく思っている人たちが少なからずいるってことなんだと思う。一方で、ちょっと不思議に思ったのは、オレが参加した講習会は「プロがアマチュアの選手を教えるための講習会」だったんだけれど、**「どうして上のカテゴリーにいた人が、下のカテゴリーの人を教**

えるのにライセンスが必要なんだ？」ってことなんだ。

たとえばサッカーだったら、地域リーグ、JFL、J2、J1とランクが上がるごとに、指導者ライセンスを取得するのにハードルが高くなっていく。これは当然だと思う。でも野球の場合、プロの経験者がアマチュアを教えるのに、どうしてライセンスが必要なんだ？　疑問に思ったので、ある関係者に聞いたら、こう言うんだよ。

「元プロ野球の経験者が、アマチュアの世界でセカンドキャリアを積んでいくことを考えたときに、どうしても必要なことなんです」

そう聞いても、正直なところ理不尽さは拭えなかったけどね。

阿部　昔は昔、今は今の指導方法というものがあります。昔のやり方にあまりにも固執していては、選手を育てるのは難しくなってくるんじゃないでしょうか。

橋上　プロ野球と比べても、高校野球、大学野球のほうが歴史と伝統がある。その点を踏まえて考えると、プロ側がアマチュア側の意見に寄り添っていくのは仕方のないことかもしれないんだけれど。

阿部　ちょっと話を広げると、若い選手への指導に関して、過保護すぎては成長していかないんじゃないかと思うんです。二軍の選手なら、なぜ自分は二軍にいるのか？　それは

一軍のレベルにあらゆるスキルが到達していないから。だとしたら、徹底的に鍛え上げないと伸びていかないということになります。選手を成長させるために**「守ること」と「鍛えること」をバランスよくやっていく**必要があるんです。

橋上　そうだな。今の時代、鉄拳制裁はたしかによくないし、若い選手にそんなことをしたら距離を置かれてしまう。指導する側としてはそれは避けたいところだけれど、逆に過保護になりすぎるのはよくない。強く出るべきところと見守るべきところの匙《さじ》加減をどう考えるかなんだ。「将来に有望な選手を育てる」ためには、プロもアマチュアも関係なく、考えていくべき問題だとオレは思う。

球数制限の時代、ピッチャーの成長に必要なこと

橋上　その流れで言うと、高校野球もついにピッチャーの球数制限をする時代になったよな。「1週間で500球以内」という制限を設けることで、将来有望なピッチャーの故障を防ぐというのが最大の目的なんだろうけれど、球数制限をすれば今よりいいピッチャーが出てくるというものでもない。微妙なところだな。

阿部　ピッチャーの技術は、**ある程度投げさせないと身につかない**という側面はありますからね。

橋上　プロに進んだピッチャー全員が、高校時代に1日に投げる球数をあらかじめコントロールしてきたわけじゃない。それこそ昔は「投げろ、投げろ」の時代だったし、とんでもない球数を投げてきたピッチャーが実績を積んでプロに入ったという例も実際にある。

阿部　球数制限することで、よりスケールの大きなピッチャーが出てくるのか？　と聞かれたら、それは疑問ですよね。

橋上　はっきり言えるのは、どんなに球数制限をして選手を管理しても、壊れてしまうピッチャーというのは残念ながら出てきてしまうということなんだ。そうしたときに、「きちんと管理していたのに、なぜだ？」などと、指導者は考えてはいけない。それはピッチングフォームだったり、体のバランスや強さだったり、さまざまな要因が考えられると思うけど、これは仕方のないことだと思う。

阿部　こればかりはたしかにわかりません。でも「いつか壊れるかもしれない」と考えながら投げるよりも、「今を全力で投げて、チームの勝利に貢献する」ことを前提として投げるピッチャーであってほしいとは思いますね。

橋上　それともう1つ、子どもたちの数が昔より激減しているから、野球をやる子どもたちも減ってきている。これは目に見える事実で、誰もが認めざるを得ない。そうなると、指導者に求められるのは、子どもたちが野球に触れる貴重な機会のなかで、より質の高い指導ができるかどうかなんだ。なまじっか自分が体験してきたことだけを教えるような指導では伝わらないし、**「昔の指導法」と「今の指導法」を照らし合わせてどちらがいいのか検証する**ことだって必要になってくる。

阿部　そのうえで指導法を取捨選択するっていうのは、大事なことかもしれませんね。

橋上　そのためには小中高の指導者の質を高めていかなければならない。子どもたちの野球離れが進むなかでこれまでと同じような指導をしていれば、プロという最高峰のレベルで野球をやる選手の数が減ってしまうだろう。だからこそ、指導者は変わらなくてはいけないし、そもそも「今のままでいいだろう」という指導では、子どもたちはもとより、若い選手にしても育っていかないと思う。

阿部　僕は若い選手の指導にやりがいを感じています。たとえば、10の技術を身につけなければいけないのに、今は3のレベルしかないという選手がいたとします。この選手にはどういう練習が必要で、どのくらいの期間で成長させていけばいいのか、試行錯誤しなが

ら1人の選手を育てていくことは、それこそ指導者冥利に尽きます。今の巨人には将来有望な若手選手が、二軍、三軍にゴロゴロいる。現状に満足することなく、1人でも多くの選手を一軍の舞台に送り込みたいですね。

練習せずとも結果を出していた天才肌の選手

橋上　多くの野球ファンは、おそらく「プロなら練習して当たり前」だと思っているだろう。ただ、今はいろんな情報が錯綜していて、「あのチームは練習をしている」「あそこは練習していない」などの噂も色々と流れている。情報の確度は必ずしも高いとは言えないけれどね。

　オレが巨人に入ったとき、もっとも驚かされたのは、「全員が練習していること」だったんだ。一部のマスコミの報道で「ジャイアンツの選手は練習をしない」「春季キャンプでの練習時間は短い」なんてことがたびたび言われていたものだから、「なんだ、全然違うじゃないか」って考えをあらためた。みんな、非常に熱心に練習しているし、個人個人が実によく考えてそれぞれに合った練習をしているんだ。**「マスコミの報道を鵜《う》呑《の》みにし**

ちゃいけないな」って率直に思った（笑）。

阿部　実はそうなんですよ。一軍に残るには、熾烈《しれつ》な競争を勝ち抜かなければならないので、練習で手を抜くなんてことはできなかったですし、「今の自分にとって必要な練習は何か」を常に考えながら練習していました。

橋上　キャンプ中で言えば、全体練習はたしかに短かった。でも、個人の練習は非常に長いんだ。

阿部　そうですよ。マスコミの報道も大事なところが抜けがちなんですよね。**巨人は「練習時間が短い」んじゃなくて「全体練習の時間が短い」**んです。

橋上　たとえばティーバッティングにしても、みんな試行錯誤しながらじっくりやっている。誰一人として同じスタイルのティーバッティングをしていない。それほど頭を使って、考えながら練習しているということだね。

　そうしたなかでも、オレは当時ジャイアンツにいたある選手が個人練習をしているところを見たことがなかったな。全体練習が終わった途端、「お疲れさまでした」と言って、そそくさとグラウンドをあとにしていたのをよく覚えている。

阿部　オフのとき、たまたまその選手の携帯に電話したことがあるんです。そうしたら、

「今ロス（ロサンゼルス）にいます」って言う。「ロス？　何かやってるの？」って聞いたら、「練習しています」って言うんです。でもロスって、そのオフの時期は日本と変わらないくらい寒いんですよ（笑）。

橋上　たしかにその某選手は隠れて練習するタイプじゃないな。たとえば、フリーバッティングの前にティーバッティングをやると、他の選手は20〜30球ぐらいは軽く打つのに、彼は5球くらいしか打たない。それでいて結果を残すんだから、大したもんだよ。

阿部　僕に言わせれば、彼は本当の意味での天才ですよ。

橋上　移籍の翌年、彼はあまりスタメンで起用されなかった。彼はもともとスロースターターだったし、シーズンを通して起用され続けて結果を残すタイプなんだ。シーズンの序盤で打てないからって、スタメンから外してしまったら、ますます目指す結果は出せなくなってしまう。

阿部　あの段階で先方の首脳陣が、彼の特徴を理解するのは難しかったでしょうね。

橋上　イメージとしては、**彼の開幕は6月くらいから**なんだ。3月下旬が開幕だから、2ヵ月以上遅れての開幕。そこから活躍して最終的には打率が2割8分〜2割9分の成績を残している、という感じだよね。でも、全員が彼のようなタイプだったら、チームの成績

は低迷したままになってしまうよな。開幕から頑張っている選手がいるから、そういう選手も生きてくるっていうのは、たしかにある。

阿部　彼が他球団に行ってしまったことはたしかに寂しいですけど、その半面、巨人というチームが大きく変わるきっかけになるかもしれないと思ったんです。全員が春季キャンプの初日から「よーい、スタート」で横一線、必死になって練習をする。そうしたなかで紅白戦、オープン戦と結果を残した選手だけが開幕一軍に生き残ることができる。それって「今、力のある選手が一軍にいる」ということの証明にもなるわけです。少しずつかもしれませんが、巨人は変わっていくと思いますよ。

「余力を持って引退したこと」のメリット

橋上　ちょっと話題を変えよう。慎之助は２０１９年で引退をしたけど、引退の決め手になったのはなんだったんだ？

阿部　やはりリーグ優勝したことですね。それが一番大きかったように思います。

橋上　現役を続けようとは思わなかったのか？

阿部　もう1年くらいは現役を続けられるかなとは思っていました。でも優勝した直後、原監督から、**「余力を残して指導者になれ」**って諭《さと》されたんです。

「自分も1995年に引退したときに、『まだできる』という思いを抱きながらも引退を決めた。ボロボロになってまで野球を続けたら、『もう野球はいい』と達成感にあふれてしまって、指導者をやろうなんて思わなくなってしまう。余力を残して辞めていくからこそ、指導者になったときに、『よし、来年はこういうことをやっていこう』と新たなチャレンジ精神を持つことができるんだぞ」

と言っていただいたんです。その言葉を聞いて納得させられました。

橋上　優勝した直後、オレは慎之助から「もう1年、現役を続けます」と聞いていたんだけど、それから1～2日経ってから「今年で現役を退きます」って連絡を再度もらった。その言葉を聞いて、ふと考えたんだ。たしかに体力的、技術的なことを考えれば、2020年シーズンも現役でできるだろう。まだまだ若い選手に負けないだけのスキルは十二分に持っている。でも2017年シーズンに2000安打を、2019年シーズンでは400号ホームランも達成した。そのうえ「**坂本（勇人《はやと》）**がキャプテンになってから、ジャイアンツは優勝していない」って慎之助は言い続けていたけれど、それも昨年でクリアでき

た。

そうなると、**「慎之助が2020年シーズンも現役を続けるのであれば、何をモチベーションにするんだろう?」**っていう疑問はあったのも事実なんだ。

阿部　400号、リーグ優勝。どちらも僕にとって大きな節目の出来事であったことは、間違いないんですけどね。

橋上　その一方で、原監督が言うように、「余力を残しての引退」というのも正解な気がしているんだ。心身ともに余力を残して一線を退くということは、「まだまだできるんだぞ」ということの裏返しでもあるから、若い選手を指導する立場になっても、威厳を保つことができる。

阿部　それはありますね。

橋上　**「オレはまだまだこれだけできる。でもお前たちは全然オレのレベルに到達していないじゃないか」**とね。ボロボロになるまで現役を続けた場合には、どんなにいいお手本を見せても、「あの人の晩年は今一つだった」と、若い選手たちから距離を置かれてしまうなんてこともあるかもしれない。

阿部　そう思うとなおさら、原監督の言葉はストンと僕の心に落ちました。

橋上　超一流と呼ばれる人ほど引退のタイミングは難しい。もちろん、慎之助もその域に達しているんだけれど、どんなに頑張ってもあと5年、10年と現役を続けるのは難しかっただろう。原監督は非常にいいタイミングで慎之助を指導者に導いてくれたと思うね。

選手から「怖い」と思われてしまう理由

橋上　ところで、コロナ禍の緊急事態宣言が発令されていた期間中は、指導はどうしていたんだ？

阿部　よみうりランド（読売ジャイアンツ球場）には毎日行っていました。練習メニュー自体は選手に任せて、大きな事故がないように、選手の練習する様子をチェックしていました。

橋上　現場を管理する立場の人間としては、できることが限られてくるよな。かくいうオレ自身も、巡回コーチとして指導にあたっている新潟（アルビレックス）には、3月中旬から6月いっぱいまで行けなかったからね。

阿部　指導の難しさについては日々直面しています。選手のモチベーションを上げるには

どんな言葉をかければいいのか、技術についてはどんな言い方であれば伝わるのか。言い方ひとつで選手のとらえ方、考え方が変わってきてしまうので、試行錯誤の連続です。ただ、なんとなくですけれど、**選手は僕のことが「怖い」と思っているんじゃないか**という気もするんですね。「言われたとおりにしないと叱られる」ということばかり気にしてしまって、そこが一番壁にぶち当たっているように感じています。僕自身、難しいことを言っているつもりはないのですが、選手が何か僕に遠慮しているんじゃないかと感じることもしばしばあるんですよ。

橋上　若い選手からしたら、「選手・阿部慎之助」のイメージが強いんだろうな。これは仕方のないことなんだけれど、**指導者としての威厳よりも偉大な選手だったという威厳が強すぎるのかもしれない**。この先、指導者としてキャリアを積んでいけば、選手として以上に指導者としてのカラーが前面に出てくるはず。でも、それまでには、ある程度の時間の経過が必要になってくるんだろうな。コーチが選手との間に入って話をすることだってあるんだろう?

阿部　もちろん、現場のコーチ陣も間に入りながら選手に指導することはあります。僕とコーチ陣の間では、考え方の共有はできていますし、

「さっき選手にこんなアドバイスをしたんだけど、難しい言い方をしていたかな？」

とコーチに確認しながら指導にあたっているんです。

橋上　それでいいと思うよ。各部門の担当コーチに任せたほうがいいっていう場合もあるだろうし。

阿部　僕は走塁のことは教えられません。読者の方から「たしかに！」ってツッコミが入ってしまうかもしれませんけど（笑）。その点については、片岡コーチや松本コーチに教えてもらったほうがいい。**監督だからといって、どんな場面でも僕がしゃしゃり出て教えようなどとは思っていません。**それに各担当のコーチが選手にアドバイスしている言葉を聞いて、「そうか、そんな言葉をかけてあげればいいのか」と学ぶことも多々あります。

橋上　今は慎之助自身が、一つひとつのことを謙虚な姿勢で学んでいく時期であることは間違いない。それに二軍にはいい選手がたくさんいるだろう？

阿部　もちろんですよ。でも技術とメンタルの部分については、まだまだ巨人の一軍で活躍するにはほど遠いレベルにあるように感じています。この点をどう埋めていくべきか、その点は本当に考えさせられますね。

プロは見られるのが仕事だ！

橋上　二軍監督として試合で采配を振って半年以上経ったわけだけど、喜びを感じたこととか、選手時代とは違った体験をしたことってあったのか？

阿部　たとえば、ヒットエンドランのサインを出して、それが成功したときはうれしいですね。選手時代とは違った喜びを感じています。ただ、その一方で「だけどたまたまだよな」「自分の采配が成功したことに酔っていても仕方がないよな」「選手を褒めないといけないな」とかいろいろ考えますよ。あくまでもプレーしているのは選手ですから、そのことを念頭に置きつつ、常に頭のなかを切り替えながらやっています。

橋上　その気持ちはわかるな。自分の采配がハマった瞬間はうれしいんだけれど、監督は常に次のことを考えないといけない。ほかには試合中に何か心がけていることはある？

阿部　**試合中は逐一メモをとるようにしています。**「なぜ初球のストライクに手が出なかったのか」「この場面では何を待っていたのか」とかを箇条書きにして、試合が終わってから選手に直接聞くようにしています。そこで根拠のある答えが返ってくれば、「そうか」

と納得するようにしているんです。

橋上　根拠を持ったプレーならば、指導者はそれ以上責めるようなことはしないほうがいい。考えてプレーしても、成功することがあれば失敗することもある。**一番怖いのは、結果オーライで、たまたまいいほうに転がってしまったとき。**これには根拠も何もないから、次に同じような場面が訪れたら、失敗する可能性が限りなく高くなる。

阿部　でも、失敗も野球のひとつなんですよね。なぜ失敗したのかを選手と共有することによって、次につなげていく。監督だから偉いのではなくて、監督だって選手と同じように野球を学んでいく姿勢が大切だと僕は思っています。一軍から二軍の選手を誰か上げる話になったときにも、僕のほうから提案することがありました。「二軍では結果は出ていないんですが、彼はこれだけのことをやっていました」と具体的な成果を根拠を持って話をすれば、原監督をはじめ一軍の首脳陣は耳を傾けてくれます。

橋上　「このタイプのピッチャーが今一軍に欲しいんだ」と一軍の首脳陣からの要望があって推薦してもらうことが多いから、**二軍から一軍に対して提案するというのは異例なこと**かもしれないな。

阿部　もちろん、ほとんどのケースでは、一軍からの要望で二軍の選手を推しています。

昨年まで一軍の試合出場がわずか6試合だった3年目の**北村（拓己）**も、活躍しだした若手の1人ですが、彼も一軍からの要望があって二軍から上げて活躍し始めたんです。彼の活躍する姿を見るのは、二軍監督の立場としても非常にうれしいのですが、一方では「コロナ禍のなかでお客さんが少ないから活躍できたのかな」という見方をしているところもありますね。

「プロは見られるのが仕事」だと思っている僕からしてみれば、東京ドームの満員のお客さんのなかでも、今と同じようなプレーができるのか。あるいはチャンスで凡打して、あるいは送りバントを失敗して、満員のお客さんから漏れる「あ〜」というため息に耐えられるのかどうか――。この点はコロナが収束してからの話になるのでしょうけれど、僕は注意深く見ていきたいと思っています。

橋上　オレは慎之助とは違う見方をしていて、彼のように若くて一軍でまだ実績を残していない立場だと、お客さんが多かろうと少なかろうと、必死になってプレーすると思う。「何がなんでも一軍に定着してやる」という、がむしゃらな気持ちがあるからこその活躍のような気がしてならないけどな。

あらためて「罰走の是非」を考えてみる

橋上　ほかにはどんなことに気づいたんだ？　一軍の選手と二軍の選手の大きな違いに気づいたこともあったんじゃないのか？

阿部　僕らからしたら**「できて当然」ということが、二軍の選手にはない**んです。育成の選手にいたっては、プロから本指名がなかった選手だったわけですから、アマチュアのトップクラスの選手に実力的に劣るところはある。その点は謙虚な姿勢で技術を伸ばしていくことにまい進していかなくてはならないと考えています。

橋上　二軍の選手は一軍の選手より技術力が劣っているから二軍にいるわけであって、だからこそ一定の厳しさは必要になってくるんだ。

阿部　**「罰走」**についても同じことが言えると思うんです。今年の8月に中央大学に20点取られて大敗したときも、その試合に出場していた選手全員に罰走をさせたんです。罰走がいいか悪いかについては、僕だって理解しています。僕が見たいのは、罰走する様子から見えてくる「チクショー」という悔しさだったり、今ではあまり理解されないかもしれ

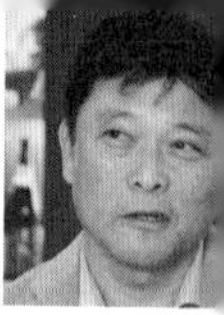

ませんけど、「根性があるな」とこちらに思わせる選手たちの気持ちの部分ですね。あのときも、彼らが走るその姿を、僕を含めたコーチ全員で見届けていたんですよ。
　そうした厳しさがないから、若いプロ野球選手のなかに、いい選手が出てこないのではないかと思っているんです。

橋上　オレも二軍の選手には厳しく指導してきたし、BCリーグの新潟で監督を務めていたときだって、選手にしょっちゅう厳しいことを言ってきた。試合で大敗しようものなら、きつく叱ったことも一度や二度ではなかったし、今でも監督当時のことを知っている新潟の関係者からは、オレのことを「厳しい」と思っている人もいる。もちろん、体罰などはもってのほかだけど、若い選手に対して厳しく接するのはいいと思うよ。

阿部　そうなんですよ。技術のない若い選手には厳しく接するべきです。それと、若手に浸透している**「なんでもかんでもメジャーの言うことは正しい」という風潮は、あらためたほうがいい**と僕は思うんです。

橋上　押しも押されもせぬ一軍の選手であれば、口うるさく言う必要はないが、たとえ一軍で試合に出場していても若い選手には厳しく接したほうがいい場合もある。今、活躍していても、その成績が5年先、10年先も続くとは限らないし、そのためにも**自分を律して**

技術の向上に努める意識づけは、必ずさせておいたほうがいい。

阿部　もともと身体能力が高い外国人選手は「根性論はバカらしい」と言うかもしれません。でも、ランニングしないピッチャーが多いと言われるメジャーでは、利き腕のひじを故障して、手術をする例があとを絶たないんです。だったら、ランニングすることでひじのケガが回避されるのであれば、走り込みをすることはいいことじゃないですか。昔から継承されている練習を今一度見直して取り組むことで、野球選手としてのスキルは上がるかもしれないのに、それをやらないのはもったいないことですよ。

橋上　たしかに、メジャー流ではなくて、日本流のやり方がいい場合もあるな。

阿部　自分が打たれて試合に負けてしまった。あるいはチャンスで凡退して、そのまま試合に負けてしまった。それでいいわけがないんです。悔しい気持ちと、「今に見ていろ」とリベンジに燃える気持ちを、どう次につなげていくか。その気持ちだけは絶対に忘れてほしくないですね。

橋上　悔しさやリベンジする気持ちがなくなったらプロ野球選手じゃない。失敗したり、悔しい思いをたくさん経験して、今二軍にいる選手たちは成長してほしいな。

阿部　ただ、**プロが大学生に勝てない、それもまた野球なんですよね。**今、二軍監督とい

う立場にあって、野球の奥深さや難しさを、大学生との試合に出場していた選手全員、あらためて学んでほしいと思っています。

第3章

キャッチャーが背負わされた運命

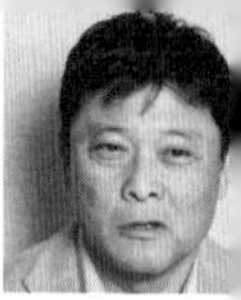

「『星がきれいだな』なんて思いながらリードするな!」

橋上　19年に及ぶプロ生活のなかで、大きな故障もなく、最後も余力を残しての引退となった。ここまで長く現役を続けられた原動力となったものはなんだったんだろう?

阿部　**「プロ野球の世界でプレーするのが好きだった」**、この気持ちが一番でしょうね。19年間ずっと「野球が好きだ」という思いを持ち続けられたからこそ、技術の向上にも努めることができた。それに邁進《まいしん》しているうちに、気がつけば19年もの現役生活が過ぎていたということなんだと思います。

橋上　入団したとき、「○年間はやろう」とか決めていたことはあったのか?

阿部　入団した直後は、おぼろげながら「15年間くらいは現役選手でいたい」と思っていました。年間１００試合出場しながら15年、計１５００試合はキャッチャーとして出る。これは僕が胸の内にひそかに掲げた野望だったんです。さらに２００２年シーズンが終わったとき、バッテリーコーチ１年目だった村田真一さんから、
「お前はドラ１で巨人に入団して、みんなから期待されているんだから、少なくとも15年

間はキャッチャーで頑張れよ」

と言われたことで、いっそう覚悟が決まった感じでしたね。

橋上　村田さんの言葉には重みがあるな。2000年のダイエーとの日本シリーズで、村田さんは優秀選手賞までもらって、まだもうひと花咲かせられると思ったところで、慎之助が入団してきた。それ以来、世代交代が進んで翌年に引退となってしまったんだからな。「後釜として慎之助を絶対に育て上げなきゃいけない」という使命感もあったと思う。厳しく指導された面もあったんじゃないか？

阿部　村田さんがコーチになった1年目はよく叱られました。セ・リーグは、東京ドームとナゴヤドーム以外は屋外の球場なのですが、

「『あっ、今夜は星がきれいだな～』なんて思いながらリードするんじゃねえぞ！」

って、よく言われていたのを覚えています。

橋上　つまり、「集中していけよ」「気を抜くんじゃねえぞ！」ってことか（笑）。

阿部　村田さんの言葉には独特のフレーズが多かったのですが、「気を抜くんじゃねえぞ！」って直接言われるよりも響きましたね。

橋上　褒められた思い出は？

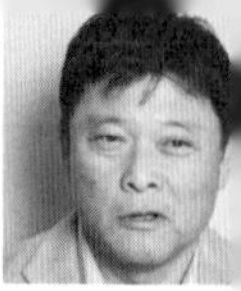

阿部　入団2年目の日本シリーズ第4戦の最終回の守備につく前に褒めていただいた言葉を印象深く覚えています。このシリーズはジャイアンツが西武を4連勝で下したのですが、4戦目も6対2というスコアで比較的ラクな展開だったんです。最終回の守備につこうとベンチで準備していたときに、村田さんに呼び止められて、

「おい、今日は『星がきれいだな』と思ってリードしてもいいんだぞ」

って言われたときに、本当に不思議なんですけど、それまで苦労し続けた思い出が脳裏をよぎったんです。そうして2アウトまで来たときに、なぜかマスク越しに涙が出てきちゃって。それをサードから見ていた元木さんがタイムをかけてくれて、マウンドに行ったら、「おい、何ここで泣いてんだよ」って笑いながら言われました。

橋上　そんなこともあったんだな。でも、第4戦を行った当時の西武の本拠地は、すでにドーム球場だったから、村田さんが言うような星は見えなかったはずなんだけどな（笑）。

キャッチャーは「経験がものをいうポジション」ではない

橋上　プロに入ってから15年間、キャッチャーとしてチームに貢献してきたわけだけど、

キャッチャーの面白さってどこに感じていた？

阿部　若いときはとにかく毎日必死になってもがいていました。ただ、1年ずつキャリアを積んでいくと、配球のことをより興味深く考えられるようになりましたね。

橋上　キャリアを積み重ねていくと、リードをしていくなかで冒険ができるようになって、たとえ結果がよくなくても、「まあ仕方ないか」って思って、周りも信頼してくれるようになる部分はあるよね。

阿部　バッターの攻略法について、チームとして「こう攻めていこう」という決めごとはあるんです。そこはきちんと守っていくのがセオリーですが、いざグラウンドに出て、相手チームのバッターと対峙したときに、「あ、これは違うな」と感じて、攻め方を変えることもありました。

橋上　それはキャリアを積んできたからこそなせる業だね。

阿部　「キャッチャーは経験がものをいうポジションだ」と言う方もいましたけど、僕はそうは思いません。バッターがどんなボールを待っているのか、たとえばバッターボックス内でのしぐさだったり、あるいはファーストスイングを見たときに、「あ、きっとこのボールを待っているんだろうな」という読みはキャリアに関係なく、若いときにだってで

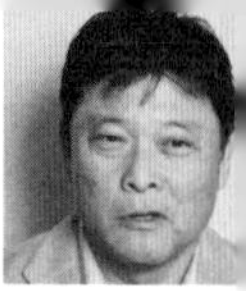

きるものなんです。

橋上　それは慎之助がバッターをよく観察していたからこそできたことなんだろうな。

金城龍彦の狙い球はまったく読めなかった

阿部　それでも、どんなボールを待っているのかがまったく読めないバッターもいました。

橋上　ほう、それは誰？

阿部　僕は横浜の金城さんが一番わからなかったんです。たとえば、1打席目にアウトコースの厳しいボールをレフト前にヒットを打ったとします。次の打席は内外角にボールを散らして配球しようとするんですけど、いとも簡単にはじき返されてしまうんですよ。

　他のバッターならば、「前の打席ではアウトコースを打ったから、次は同じボールはないな」などと配球を読みながら打っていくこともしばしばありますが、金城さんは不思議とそうした傾向がない。ど真ん中を平然と見送ったかと思えば、とんでもない高めのボール球をセンター前にはじき返してしまう。**「球種にヤマを張っている様子もなく、来たボールを素直に打ち返すだけ」**という、あの動物的な感覚というのは、他のバッターにはな

かったので、打ち取るのは相当厄介でした。

橋上　金城とは意外な名前が出てきたな。

阿部　試合前のミーティングでも、金城さんの対策を練るときに、「どうしようか」と僕からピッチャー陣に聞いたこともありましたし、「ダメもとでここを攻めてみよう」ということもありました。実は金城さんが現役の晩年に巨人に来たときに、本人に一度聞いたことがあるんですよ。

「金城さんは何を投げても打たれてしまうイメージがあったんです。どういう感覚でバッターボックスに入っていたんですか？」

そうしたら、「たまたま打てたんですよ」「まぐれですよ」と言って、手の内を明かしてはくれませんでした（笑）。

橋上　なるほど。反応だけで対応していたバッターだから、そういう答えになってしまったのかもしれないな。ちなみにオレが現場で一番すごいと思ったバッターは、何を隠そう阿部慎之助なんだ。でもあと1～2年、日本ハムのユニフォームを着ていたら大谷だったかもしれないけどな。大谷は強さと柔らかさ、しなやかさを兼ね備えていて、「これはすごいバッターになるな」って思わせるだけの魅力はあったね。

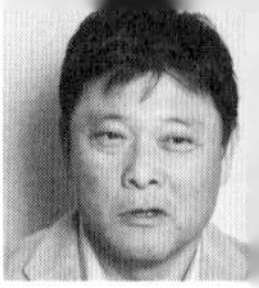

阿部　**大谷君は僕の2倍のパワーを持っていますよ。**あのスイングスピードは半端ないですから。

橋上　技術は慎之助と同じレベルだったとしても、彼の手足の長さと１９３センチという体の大きさが規格外のパワーを生み出しているんだろうな。大谷と同じような体格の選手は、これまでにもプロの世界にはいたけれども、ほぼ全員がしなやかさだけだったり、パワーだけだったりと、どちらかに偏《かたよ》っていた。すべてを兼ね備えた大谷という選手は、日本が生み出した宝だと思う。

阿部　たしかに、これまでの１９０センチ超の長身バッターは、体の大きさを生かす技術に欠けていた人が多かったように思います。「体が大きいから強引にバットを振る」のではなくて、変化球に対応するための柔らかさは絶対に必要なんです。そう考えていくと、大谷君は非常に稀有《けう》なバッターですね。

打者1巡、2巡、3巡、4巡で変わる攻め方

橋上　慎之助はキャッチャーとして試合に入っていくとき、どんなゲームプランを立てて

臨んでいたんだ？　野村さんは、

「1回から9回まで、必ずシミュレーションをしてから試合に臨むように」

とキャッチャーに対して口酸っぱく言っていたけれど。

阿部　9イニングまではないですね。**ゲームプランを立てるのは、バッターが二回りするくらい。うまくいけば6イニングです。**残りの3イニングは、そのとき投げているピッチャーと相談しながら配球を考えていくようにしていました。7回以降ともなれば、試合展開によってピッチャーが変わってくるケースが多いですからね。たとえば、相手が左バッターが多く出ていたら左ピッチャーを、右バッターが多く出ていたら右ピッチャーを登板させてくるケースが多いので、あえて先までシミュレーションをすることはなかったですね。

橋上　たしかにセ・リーグの場合だと、試合の中盤以降ともなれば、ピッチャーに代打を送って、そこから継投で逃げ切るプランを監督は考えていることが多い。だからこそ、最初から9回までシミュレーションすることはないのかもしれないな。

阿部　もっと具体的に言えば、**1巡目は相手バッターがどう出てくるのかの様子を見て、2巡目は3巡目以降に打ち取るためのエサ蒔《ま》きをする。3巡目は感性で勝負して、4巡目**

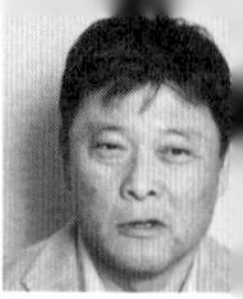

は手堅く攻めるということを念頭に置いてリードしていました。

橋上　そういう考え方もあるね。

阿部　試合前のミーティングで確認したときと、実際に試合で対戦したときとでは相手選手のデータが違っていることもあるんです。だから1巡目は様子見が必要なわけです。2巡目は逆に、あえてスライダーを多投してみたりして「変化球で勝負しにきているのか？」と相手に思わせてみる。3巡目は相手打者のバッターボックスでのしぐさやそれまでの攻め方を考えて、

「ここは今までとガラッと攻め方を変えてみよう」

「さっきはスライダーを多投させたけど、ここはあえてストレート中心の配球でいこう」

と変化をつけて、4巡目は「一発長打を打たれない配球」に徹していました。

橋上　配球にアクセントをつけることは大事だ。経験の浅いキャッチャーだと、試合の中盤以降は同じリズムになりがちな面もあるからな。

阿部　だからこそ、**ピッチャーが交代したら試合の展開を問わず、マウンドで確認事項を怠らない**ようにしていました。登板するピッチャーが持っている球種はわかっていますけど、ブルペンで投げてみて、今日はどのボールが良かったのか、あるいはどのボールのキ

レが悪かったのかなど、ピッチャーのその日の感覚を確かめておくのも大切ですね。

橋上 たとえば、ストレート、スライダー、スプリットの3種類を持っているピッチャーが出てきて、「今日はスライダーはイマイチですけど、スプリットはキレッキレ」なんてこともザラにあるしな。

阿部 そうなったらスライダーを見せ球にして、スプリットを勝負球に使います。中継ぎ以降のピッチャーは、せいぜい投げても2イニング。大半以上のケースで1イニングしか投げませんから、相手バッターに気づかれる前に降板することもできますしね。

橋上 アマチュアと違って、プロは半年以上にも及ぶシーズンを乗り切らなければならない。これだけの長丁場だと、調子のいい時期もあれば、調子が落ちてしまう時期もある。そのときにどう乗り切るかは、キャッチャーとの共同作業で知恵を絞るしかない。

野村監督のデータ至上配球に異を唱える

橋上 慎之助は配球について、どう考えていた？

阿部 配球には大まかに分けて3つのパターンがあると考えています。1つは「ピッチャ

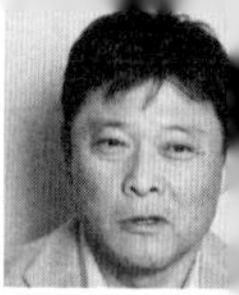

ーの投げるボールを最優先に考え、そこに合わせた配球」。もう1つは「バッターの弱点を突いていく、データに基づいた配球」。最後が「シチュエーション（状況）に合わせた配球」です。

ただ、これはマスコミにも一言言いたいのですが、**野村さんの「データに基づいた配球」があたかも正しい配球のように言われてしまっているので、そこからはみ出したものは「すべて悪」とみなす論調は、僕は違うんじゃないかなと思っているんです。**

橋上　たしかに野村さんの考えを鵜呑みにするマスコミの人間は、一定数いるな。

阿部　だからこそ、状況に応じて3つを使い分けることが、キャッチャーがやるべきことだと思うんです。データに基づいた配球だけを心がけてみたものの、それがいとも簡単に崩れてしまったら、右往左往してしまうでしょうし、ピッチャーが投げるボールだけを優先した配球にしたら、間違いなく単調になってつるべ打ちにあってしまう。

橋上　それは慎之助の考え方が正しい。**ピッチャーの好きなボールを投げさせたら、7〜8割はストレートになる**だろう。そうなれば、あとはコースと高さにヤマを張るだけだから、バッターは楽な心理状態で待てる。慎之助の言う3つのパターンを組み合わせれば、相手は「次はどんなボールが来るんだろう？」と考えをめぐらせなければならなくなるは

ずだからね。

阿部　それと野球の教則本のなかには、「こうしたらバッターを打ち取れる」と書いたものが結構ありますよね。たしかに、アマチュア野球で1回しか対戦しないのであれば、教則本のとおりでも当てはまるのかもしれない。でもプロのように、**シーズンに何十回と同じバッターと対戦するときは、一般的なセオリーが当てはまらない**ことは予想以上に多いんです。

橋上　それはたしかに言えるな。

阿部　たとえば、ホームプレートから離れて立つバッターがいたとします。初球にインコース高めにボールを投げて、それに反応したらインコース狙いなので、次はアウトコース低めのストレート、もしくはカーブやスライダーを投げたほうがいいとされていることが多いじゃないですか。

でも、チョーさん（広島の**長野久義**）はホームプレートから離れて立つバッターですけど、初球にインコース高めのボールに反応して、次にアウトコース低めのストレートを投げられても、即座に対応できる能力を持っています。チョーさん自身、「次はそうくるだろうな」と予測して待っているからこそできる芸当なのですが、プロは往々にしてこうい

うことがありますよね。

橋上　技術力の高さの違いと言ってしまえば、それまでなんだけどね。

阿部　だからこそ、「シチュエーションを考えた配球」が必要になってくるんですよ。

アウトコースの低めは「最高の攻め球」だ

橋上　楽天時代、嶋基宏は、野村さんから「お前さんは困ったらアウトローの真っすぐばかりいくな。他にもっと考えがないんか」って苦言を呈されていたけれど、たしかに一理あるなと思う。同時に、**アウトコースの低めはバッターがもっとも手を出しにくいコース**であることも確かなんだよね。

阿部　僕はあえて声を大にして言いたいんですけれど、アウトコース低めのストレートこそ**「攻めのピッチング」**だという考え方もあると思っているんです。

橋上　それはなぜ?

阿部　「アウトコース一辺倒のリードだから逃げている」と言う人がいますけど、ピッチャーは普段のピッチング練習のときからアウトコース低めに投げていますし、バッターの

目から一番遠いところを狙って投げられることこそが、実は一番攻めているとも考えられるからです。

橋上　アウトコース低めに１５０キロのストレートが決まったら、バッターはまず打てないな。

阿部　１４０キロ中盤でも十分ですよ。バッターはアウトローに投げ込まれたら、ホームランを打てる確率は格段に下がります。いい当たりを打てても、せいぜいシングルヒット止まりじゃないですかね。

橋上　まあ、それが関の山かもしれないな。

阿部　配球って「ここに投げれば打ち取れる」という正解がないだけに、奥が深いんです。打席に立っているバッターを打ち取るにはどうすればいいのかは、基本的にキャッチャー自身が考えなければなりません。そのときにアウトコース低めの真っすぐを立て続けに要求して、それに応えられるピッチャーであれば、「まず打てないだろう」という考え方も、実は正解なんじゃないかって、僕は考えています。

ファーストストライクは積極的に振っていく

橋上　ボールカウントには「0―0」（ノーボール・ノーストライク）に始まって、「3―2」（3ボール・2ストライク」までの12通りがある。データでも証明されていることだけれども、バッターはノーストライク、1ストライク、2ストライクの順番で打率が低下してくる。ノーストライクだと3割打てるバッターでも、2ストライクに追い込まれた途端、打率が1割台に下降してしまうことがある。

阿部　バッターの立場で言えば、**ファーストストライクを打つのは勇気がいりますよね。**「これで凡退したらどうしよう」って思ったら、初球は見逃していこうと考えても不思議ではありません。

橋上　ただ、ファーストストライクは、**ピッチャーが投げるストライクのなかで一番甘いボールが来ることが多い**んだ。その理由は、バッターが変わることで、手探りでストライクゾーンに投げ込んでくることが多いからだとオレは分析しているけれど、この球をいきなり打つバッターもいるね。

阿部　外国人選手は基本、**「初球は好きなボールが来たら打つ。難しいボールが来たら、たとえストライクでも見逃す」**という意識が徹底しているように思いますね。

橋上　オレが西武時代に見た、浅村や森、中村といった大阪桐蔭出身のバッターは、ファーストストライクから積極的に打っていた。一度、彼らに聞いたことがあるんだけど、大阪桐蔭では、練習のときから**「ファーストストライクを打つ練習」**というのを積極的にやっていたそうだ。

阿部　タイミングが合わないなんてことはないんですかね？

橋上　森あたりは、タイミングが合わなくても積極的にスイングしていたね。それで凡退しても、「この打席は仕方がない」と割り切って次に切り替えていた。

阿部　大したものですね。

橋上　ファーストストライクを積極的に振っていくバッターには、初球はストライクのストレートではなくて、ボールの変化球から入っていくことだって必要なことだよ。

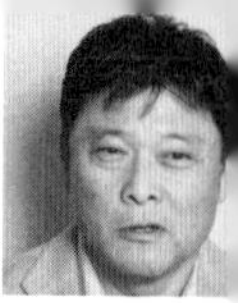

投手となぜか目が合う打席

橋上　一方で、前回対戦したデータをあまりにも重要視してしまうがために、失敗するなんていうことも往々にしてある。

阿部　たとえば、前回のカードではアウトコース中心の配球でそのバッターを抑え込めたとします。そこで今回の対戦でも前回と同じように攻めたら、いとも簡単に打たれてしまった。あるいは、前回のカードでインコースの高めのストレートを投げたら詰まらせていたので、今回も同じ攻めをしたら、今度はレフトスタンドに持っていかれてしまった——。

　同じバッターとの対戦であっても、まったく違う結果になってしまうなんてことは、ザラにあるんですよ。

橋上　前回の対戦では絶不調だから、その攻め方で成功した。でも今回は絶好調だから、その攻め方では通用しなかったということなんだろう。

阿部　こういうことがあると、僕は人間って面白い生き物だなって思ってしまうんです。データを鵜呑みにしてしまうと、こうした違いがあることをうっかり見落としがちです。

「バッターの体調やバイオリズムは、前回と同じわけではない」ということを頭に入れておけば、データ重視の配球が必ずしも正しいとは言えなくなるわけです。

橋上　楽天時代に交流戦でジャイアンツと対戦したときに、スコアラーから「阿部は絶不調だ」と聞いていたにもかかわらず、いざ試合になったらドッカンドッカン、大きな打球ばかり打たれまくった。「このどこが絶不調なんだよ！」ってベンチのなかで頭を抱えたことが何度もあったな（笑）。

阿部　現役時代、僕は高い確率でデッドボールを受けていました。好調なバッターほど、デッドボールを1つ受けるだけで、途端に成績が急下降してしまうことがあるんです。

橋上　そんなにぶつけられたのか。

阿部　デッドボールで当てられそうになるときって、すぐわかるんですよ。**相手ピッチャーとやたらと目が合う**んです。ピッチャーは普通、投げる前はキャッチャーミットを見ていなくてはならないはずなのに、なぜか僕のほうに視線を向けている。「ああ、これは狙われているな」というのがわかるんです。そのピッチャーが本当にそう考えているかはわかりませんけど、こういうとき、僕は打つのをやめます。「この打席は三振に終わってもいい」と割り切って、当てにきたボールから逃げることだけを考える。

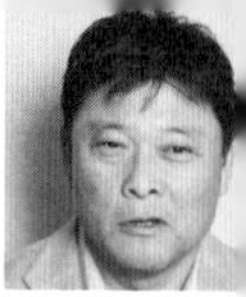

間違っても手首やひじなど、ケガにつながりやすい場所にはボールを食らわないようにして、**背中とかでボールを受けるようにしていましたね。**

橋上 逃げ方がうまい、あるいはデッドボールを受けて大きな故障がないということも、長く現役を続けるために必要なスキルの1つだな。

原監督と2人だけしか知らない「あのサイン」

橋上 ピッチャーをリードしていて、コントロールミスばかりしているようなとき、「このピッチャー、今日は何を投げても無理だな」「このままだと打たれそうだな」と感じるときはあるだろう。そういうときはどうやって対処していた？

阿部 僕のほうからベンチに向けてシグナルを送っていました。そうすることでブルペンで次のピッチャーに肩を作らせたり、あるいはすぐに交代させたりしていました。

橋上 ピッチャーの調子の良し悪しは、ボールを受けているキャッチャーが一番よくわかるからね。

阿部 もちろん、このときにはマウンドにいるピッチャーにもわからせないように配慮を

していました。もし僕がベンチに出したシグナルがピッチャーに読まれてしまったら、「ああ、今日はオレ、もうダメなんだな」と気持ちを萎えさせてしまうでしょうし、そんな精神状態で相手バッターを迎えても、抑えることはまず難しいでしょうからね。

橋上　このときサインを送っていたベンチの人って、ピッチングコーチ？　それともバッテリーコーチ？

阿部　いえ、**原監督に直接送っていました。**

橋上　ということは、慎之助が出したシグナルは、原監督しか知らなかったの？

阿部　そうです。ピッチングコーチもバッテリーコーチも知りません。ですから原監督が直接ピッチングコーチに「次はあのピッチャーを用意させておきなさい」と指示していたこともあったはずです。

橋上　それは初めて聞いたよ。

阿部　ピッチングコーチやバッテリーコーチにわかるようなシグナルだと、ベンチ内を2、3人が動くことになるじゃないですか。そうなると相手ベンチに悟られて、「あっ、ここでピッチャーが代わるな」とか「相当慌てているな」という雰囲気が伝わってしまいます。

でも監督だけに伝えておけば、監督からピッチングコーチにそっと耳打ちするだけで済

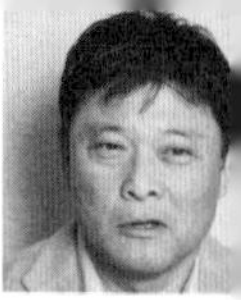

む。そうなると相手ベンチからしても、「何を話していたんだろう?」程度にしか思われない。この差って、実はものすごく大きいんです。

橋上 たしかに相手ベンチがバタバタしていると、たとえリードしていても、同点、あるいは逆転するようなムードが盛り上がってくる。相手ベンチを盛り上げさせないためにも、原監督と慎之助の2人だけでシグナルを共有していたのは正解だったな。

捕手の配球より「投手の投げたい球」という選択

橋上 慎之助がキャッチャーとして相手バッターと対峙しているときは、配球を重視したリードをしていた? それとも違う方法でアプローチしていた?

阿部 相手チームの各バッターのデータは頭に入っています。得意な球種とコース、苦手な球種とコースをそれぞれ頭に叩き込んだうえで試合には臨んでいましたけれど、「2ボール・1ストライクからこの球種を投げたら必ず打ち取れる」かと言われれば、そんなことはないですよね。

たとえば、真ん中からアウトコースに逃げるスライダーが苦手な右バッターがいたとし

ます。2ボール・2ストライクから決め球としてこのボールをピッチャーに要求したときに、必ずしもミットの構えたところに投げ切れるわけではない。ボール1、2個分内側に入ってきてしまうと、そのバッターにとっては絶好球となってしまうことだってあります。それに、構えたところに投げ込んできたとしても、ファウルで逃げられてしまうことだってあり得る。そうなったら、次も同じ球種で攻めるべきかどうか悩みますよね。

橋上　たしかにそうだな。バッターだって自分のウィークポイントは知っているわけだから、「ここでこの球種が来たか。それならもう1球来るかな」と警戒されてしまうことで、次もまた同じようにファールで逃げられるかもしれない。そうして、バッターは自分の得意なゾーンにボールが来るのを待つということはよくある。

阿部　こういうときにキャッチャーが「よし、ここは球種を変えてスプリットで」とサインを出しても、そのピッチャーがスプリットに対して絶対的な自信がないようだと、ピッチャーは首を振ります。ピッチャーとしては、早く打ち取って精神的にラクになりたいという心理がまず働きますから、**キャッチャーの考えている球種ではなく、ピッチャー自身が自信を持って投げられるボールを選択する**ことだってあります。

橋上　どんなに打ち取れる確率の高い配球だとしても、ピッチャーが自信を持って投げら

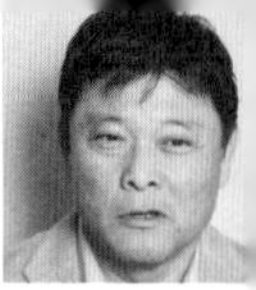

れなければ意味がない。この場合で言えば、腕が縮こまったまま投げてしまって、明らかなボール球となれば、カウントは3ボール・2ストライクのフルカウント。その前までのピッチャーが精神的に有利だと思われていたカウントから、どちらにも有利となるカウントになってしまう。

阿部　こうなると、僕はキャッチャーの考えた配球よりも「ピッチャーが自信を持って投げられる球種」を選択していました。アウトローのストレートのときもあれば、ストライクからボールになる変化球を選ぶときもある。ただ、**配球のことばかり考えてキャッチャーが頭でっかちになってしまうと、ピッチャーの良さを引き出すことができないんじゃないか**とも思っていました。

配球に正解はないけれど、そのときのその打席ごとに、相手バッターを打ち取れる配球は必ずある――。僕はそう考えていました。

常に最悪な状況を考える「マイナス思考」

橋上　キャッチャーというポジションを務めていると、**マイナス思考**になっていくように

オレは思う。「打たれないためにはどうすればいいか」を考え始めたら、慎之助自身も知らず知らずのうちに、常に最悪な状況を想定して配球を考えたりすることはあったんじゃないか？

阿部　そうですね。僕も常に最悪な状況を想定して配球を考えていました。「いかにホームランを打たれないか」ということですね。試合の終盤で1点リードしていて、1アウトランナー一塁という場面で相手の4番を迎えたとき、ホームランを打たれたら逆転されてしまう。でも、シングルヒットで収まれば問題はないとも言える。そのためには相手の**「危険ゾーン」**を把握したうえで、ストライクゾーンを広く使うようにしていました。

橋上　試合の終盤ともなれば、配球はさらに慎重になってくる。

阿部　プロの場合、その打者とは何度も対戦しているわけですから、「インコースの低めを打ったら、こういう方向に打球が飛んでいく」という実体験やデータをきちんと把握しています。セカンドなら定位置ではなく、極端に一、二塁間に寄ったり、あるいはセンター方向に下がったりとか、ピッチャーの配球だけじゃなく、野手の守備位置を変えることでも対応しているんです。

橋上　こういう場合は、データを重宝したほうがいい。同じ左バッターで同じインコース

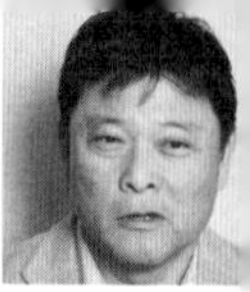

の低めに投げても、一塁線に打球が飛んでいくバッターもいれば、一、二塁間に飛んでいくバッターもいる。スイングの軌道のわずかな違いで生じるのだろうけれど、こうしたデータは**「知らないより知っておくほうがいい」というレベルで活用すべき**なんだ。野手の守備位置について、慎之助が指示を与えることはあったのか？

阿部　僕のほうから野手たちに向けてサインを出して、「ここを守れ」と指示を出すようなことはありませんでしたね。僕がインコースに構えたら、「このバッターならこのあたりに打球が飛んでくるだろうな」とそれぞれが想定したうえで、守備位置を自ら変えてくれていました。

橋上　そのあたりのコンセンサスが野手との間で取れていると、キャッチャーとしては非常にありがたいし、精神的にゆとりが生まれる。

阿部　これは、僕がバッターになったときにも同じことが言えます。バッターボックスに立ったとき、まず三塁線寄りにはサードは守っていません。僕自身、その方向に流してヒットを狙おうとも考えていませんし、僕に求められているのはやはり長打なんです。どうしても右中間寄りの打球が多くなります。

橋上　それが慎之助の打球の特徴だからな。

阿部　そのとき、明らかなヒットゾーンに打球が飛んでも、相手チームは僕の打球の傾向をつかんでいるから、あらかじめ、そちら寄りに守っていた外野手に捕られてアウト、なんていうシーンはたびたびありました。

橋上　「打者・慎之助」のとき、相手が敷いてくるシフトは意識していた？

阿部　多少は意識しましたけど、ほとんどの場面では、「だからどうした」と堂々と打っていましたね。シフトを意識しすぎると、思い切ってバットを振れなくなって、僕の最大の長所である「長打を打つ」という武器が存分に発揮できなくなってしまう。ヒットゾーンに打球が飛んでもアウトになってしまったら、そのときは「しょうがないな」と割り切って次の打席に向けて頭を切り替えていました。

橋上　**シフトを敷かれるのは、いいバッターの証**でもある。一軍で実績のない選手、下位を打つ選手などは、シフトを敷かれること自体ないからね。打率が2割5分程度の選手ならば、シフトを敷かずに安パイと考えるだろう。

相手バッターをバンバン抑えたところで降板させる

橋上　慎之助はピッチャーの出来・不出来を評価するとき、どういった点に気をつけて見ていた？

阿部　**ピッチャー交代のタイミング**ですね。僕が気をつけて見ていたのは「打たれてマウンドを降りるのか」、それとも「四死球を出してマウンドを降りるのか」でした。打たれてマウンドを降りることはある意味、ピッチャーとしても納得がいくものなんです。

「今日は相手打線が上だった。今日打たれたことを分析しながら反省して、次回チャンスがもらえたときには頑張ろう」

　ということで、降板するピッチャーを励ますことができます。でも四死球だとそうはいかない。打たれたのであれば次回抑えるための対策ができるけれど、四死球は言ってみればピッチャーの自滅ですから、対策の立てようがないんです。あるとすれば、フォアボールやデッドボールを出さないようにするために、「コントロールを磨くこと」くらいでしょうか。

そうなると、次回チャンスを与えるというよりも、「もう一度、二軍で鍛え直してきなさい」ということになってしまう。

橋上 たしかに打たれたことに関しては、配球が悪かったのか、相手バッターの技術が上だったのか、あとから振り返って反省はできるけれど、四死球だけはどうしようもないからな。

阿部 たとえば、相手に執拗に粘られてフォアボールを出してしまった。これは仕方がないと思うんです。「相手の技術が上だった」からこそ出してしまったフォアボールですから、試合が終わってからピッチャーと話し合いながら修正していくことはできる。

でもストレートのフォアボールを立て続けに3つ出して満塁にしてしまったとなると、あとはストレートのストライクを要求するしかないわけですからね。配球が単調になるので、結果、打たれる確率が高くなってしまうんです。

橋上 たしかに、反省のしようがないな。

阿部 これとは反対に、ピッチャーが次回以降の登板にいいイメージを持ってもらうために、**相手バッターをバンバン抑えたところで降板させる**という方法もあるんです。一軍での経験が浅いピッチャーや、久しぶりに二軍から上がってきて、自分の実力を試したいピ

ッチャーなどには、こうした方法を使うこともあります。

「今日はまずまずだったよ。また次回チャンスがもらえるだろうから、今日投げた感覚を持ち続けるようにしよう」

そう言って、ピッチャーに自信を植えつけさせるんです。

橋上　キャリアの浅いピッチャーに自信を持ってもらうには、その方法が一番かもしれないな。あまり引っ張りすぎて、結果、打ち込まれてしまったら自信をなくしてしまうかもしれない。

阿部　2アウトまでは打ち取っても、次のバッターにはストレートのフォアボールを出してしまうピッチャーもいる。これでは首脳陣も不安に感じてしまいますよね。

澤村をいいところでスパッと代えた理由

橋上　こういうピッチャーは意外と多い。テンポよく終われば、次のイニングの攻撃に好影響を与えるかもしれないのに、突然フォアボールを連発されたりすると、「おいおい」ってなってしまうよな。

澤村（**拓一**《ひろかず》・2020年9月7日にロッテの香月一也とのトレードが発表）みたいな、細かいコントロールよりも打者をねじ伏せたいと考えているピッチャーにはありがちなことなんだろう。

阿部　昨年9月（14日）の広島戦で、ブルペンデーということで澤村が先発したとき、3イニングをパーフェクトに抑えて交代したんです。ドーム内は「え？　完璧に抑えているのにどうして？」ってざわついていましたけれど、もともとブルペンデーと決めていたんですから、澤村をあれ以上引っ張らせる必要はないわけです。

橋上　どんなに調子がいいからといっても、欲を出して引っ張れば突然乱れたり、ドカンとホームランを打たれたりすることもあるからな。

阿部　あのときの澤村は「100点満点」でしたよ。もともとの予定イニングをパーフェクトに抑えているわけですから、首脳陣としても最高の評価を与えたと思います。

橋上　コントロールが乱れやすい澤村が、1つのフォアボールも出さなかったんだからな。たしかに100点満点の出来だったと評価していただろう。慎之助は二軍の試合で、一軍がやるようなブルペンデーみたいな形でピッチャーを登板させるようなことはしないのか？

阿部　基本、その考えはないですね。どんなに頭数がいなくても、先発候補のピッチャーは先発で投げさせるようにして、責任感を持たせるようにしたいと考えています。

究極は「オレが投げて打たれたわけじゃない」

橋上　キャッチャーが考えた配球で打たれてしまったときに、「仕方ない」と割り切れる人と、「あのボールを選択したほうがよかったかな」と後悔してしまう人と、大きく2つに分かれるけど、慎之助はどうだった?

阿部　打たれてしまったら、心のどこかで**「オレが投げて打たれたわけじゃない」**って割り切るようにしていましたね。誤解のないようにあらためて言わせていただくと、これは責任転嫁ではありません。キャッチャーが打たれた気持ちをズルズル引きずってしまったままだと、次のバッターにも高い確率で打たれてしまう。気持ちを切り替えるために、あえてそういう気持ちを持つようにしていたんです。

橋上　それも正しい判断だ。受けていて楽しかったピッチャーはいたか?

阿部　いなかったですね。そんなピッチャーがいたら、余裕で優勝しているでしょうし。

楽しいと思えるピッチャーもいなければ、楽しいと思える試合も1つもありませんでした。

勝っても負けても大なり小なり反省点はありました。それぞれの試合結果に一喜一憂することなくミーティングにも臨んでいましたね。

橋上　前に触れたけど、キャッチャーは基本、マイナス思考だからね。楽しいと思える試合なんて1試合もないよな。

阿部　唯一、楽しいと思えたのは、優勝した瞬間だけですかね。ただ、ペナントレースを制覇しても、「次はCS（クライマックスシリーズ）だ」と思うでしょうし、たとえCSを勝ち抜いても、日本シリーズがあるわけですから、リーグ優勝の余韻に浸ることなく、頭を切り替えなくてはならない。純粋に楽しいと思える状況とはまたちょっと違っています。

橋上　ジャイアンツのクリーンナップを打って、キャッチャーでキャプテンも務める。背負うものが多すぎて、苦労ばかりだったよな。

阿部　でも、その苦労があったからこそ、今の僕があるんです。プレッシャーがかかるなかでプレーすることは、たしかにしんどいところもありますけれど、それがあるからこそ勝ったときの喜びは大きかった。日本一になった瞬間の喜びは格別でしたよ。苦労のあと

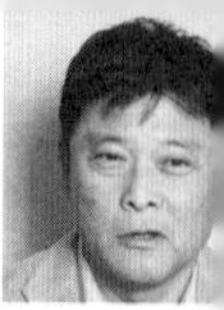

には大きな喜びが待っている。だから僕は、巨人でレギュラーとしてキャッチャーができたことを、引退した今でも誇りに思っています。

第4章

バッティングはチームのためか己のためか

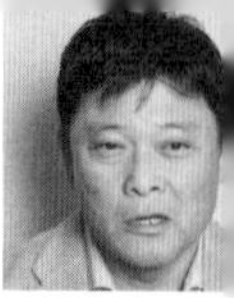

好調な天才肌の選手に指導は必要なのか

橋上　バッティング技術に関して、「センスがあることが重要だ」と言う人もいる。一口にセンスと言っても感覚的なものだから、どうやって身につけていいかわからない部分でもある。慎之助はバッティングにセンスが必要だと考えていたフシはあるのか？

阿部　僕は**バッティングにはセンスは必要ない**と思っています。高校に入学する前、親父から聞いたこの言葉が、すごく印象に残っています。

「高校の後輩である、市立船橋高校の**小林徹**監督（現市立習志野高校監督）が、『**センスは努力でカバーできる**』って言っていたぞ」

　このことを知ってから「バッティングにはセンスがあるとかないとか、こだわる必要がないんだな」と考えるようになりました。

橋上　それも一理あるかもしれない。努力をどれほど積んだからといって、センスが得られるというわけではない。でも、努力しなければ身につかないスキルがあることは確かだ。

阿部　努力の難しいところは、1やって「努力した」と言い切る人もいれば、100やっ

ても、「まだまだ努力が足りない」という人もいますよね。**「これだけやったんだ」**と納得**できる基準値をどこに設定して、どれだけ自分を高めていけるかが大事**だと思ったんです。
　僕は１００どころか２００、３００やっても「まだまだ」と思えるようにしたかった。そうした練習を積み重ねていくことで、今より技術や体力が向上していくと考えたんです。

橋上　たしかに「努力しました」ということは、目に見えて数値化できるわけではない。でも正しい努力を積み重ねていけば、やがて報われることはあるとオレは考えている。

阿部　プロの世界にもいるんです。１の努力しかしていなくても、一軍で長く結果を出し続ける選手が。巨人から移籍した某選手はその典型です。でも、誰もがあの人のような技術を持っているわけではない。

橋上　彼のような選手は「努力をすればもっとすごい選手になるんじゃないか」っていう思いもある一方で、「これ以上努力したら、潰れてしまうんじゃないか」というところもあった。

阿部　天才肌の選手は「もっと努力をすれば……」と考えるのではなく、**今、結果を残している現状の取り組み方を大切にしてあげるべき**なのかもしれません。ただし、そのやり方で通用しなくなってくるときがいずれやって来る。そのときになってどんな努力をして

いくのかが大切なのかもしれないですね。

橋上　指導者からしたら物足りなく映るかもしれないが、「もっと練習しなさい」と強制的に練習をやらせた結果、故障につながってしまったら元も子もない。天才肌の選手というのは、指導者からしたら頼りになる面がある一方で、扱いに戸惑う部分があるのも事実だよ。

かつては「ポテンヒットの阿部」だった

橋上　ところで慎之助は、「プロ野球選手になりたい」って小・中学校の頃から考えていた？　オレは小・中学校では本格的に野球をやっていなかったから、将来はプロ野球選手になるなんて、微塵も考えていなかったよ。

阿部　僕は野球はやっていましたけど、小・中学校時代は「将来、プロ野球選手になれたらいいな」程度でした。「絶対にプロ野球選手になれる」なんて思ってもいなかったです。当時の僕は、それだけの自信が持てるだけの技術はありませんでした。中学時代は、ホームランを１本も打ったことがないんです。ホームランを打つ表現として「高々とした放物

線を描いて――」とか、「スタンドに突き刺さるような――」と言いますけど、そんな打球を打ったことがなかったんですね。当時のチームメイトからは**「カンチャンの阿部」「カンチャン之助」**（カンチャン＝ポテンヒット）って呼ばれていたくらいでしたから（笑）。

橋上　そうか、ポテンヒットばかりだったのか。

阿部　ショートとレフトの間にポトリ、あるいはセカンドとライトの間に落ちるような当たりのヒットばかりだったんです。他のチームでホームランを打っているバッターを見ては、「うらやましいな」と感じていました。

橋上　たしかにそのレベルでは「プロ野球選手になれる」とは思えないよなあ（笑）。

阿部　中学、高校と年齢が上がるにつれて、徐々に技術と体力も上がっていきましたから、少しずつ「プロ野球選手になれたらいいな」から「プロ野球選手になる！」と、考え方が変わっていったんです。

橋上　プロを意識する気持ちが芽生えたのは、具体的にいつ頃？

阿部　中3の夏の大会が終わってからです。夏の大会が終わってからほどなくして、チームの練習でフリーバッティングをやってみたら、自分でも信じられないくらい飛距離が伸びたことを実感したんです。高々と遠くに飛んでいく打球を見て、「あれ、オレってこん

なに飛ばせたんだっけ？」と、我ながら驚きました。

橋上　体の成長とかがあったからじゃないか？　ちょうど成長期にさしかかっていたこともあるだろうから。

阿部　そうですね。中学に入学したときは１５０センチくらいしかなかったんですけれど、３年生になる頃には１７２、３センチくらいまで伸びていました。

橋上　そういえば高校（安田学園）の監督が、当時の慎之助のことを「圧倒的な能力を感じることはなかったけれども、しなやかさは感じていた」って言っていた。「慎之助のバッティングは、**金属バットよりも木製のバットのほうが対応できる**んじゃないか」と感じていたみたいだね。

阿部　僕は高校のとき、**練習では竹バットを使っていました。**

橋上　そうした取り組み方も大きいのかもしれないな。オレについては監督は逆に、「橋上は典型的な金属打ちだった。**パワーは慎之助よりお前さんのほうがあったけれども、しなやかさはなかったな」**

って言われたよ。オレのことは褒められているのか、けなされているのか、まったくわからなかったな（笑）。

野球人生最大のターニングポイントが来た

橋上　高校時代から竹バットを使っていたってことは、その後は上（プロ）を目標に置いて取り組んでいた証拠じゃないかな。

阿部　そうですね。僕は高校当時の実力を冷静に分析して、高校からプロに入ることは考えていませんでした。大学で実力を磨いて、２０００年に開催されるシドニーオリンピックに出場したいとも考えていたんです。

橋上　そうか、そこでちょうど大学4年生になるんだよな。

阿部　僕の1学年上の**福留（孝介）**さん（現阪神・当時は日本生命に所属）が、僕が高校3年のときに開催されたアトランタオリンピック（１９９６年）に出場していた姿をテレビで見て、「僕もオリンピックに出てみたい」って目標にしたんです。

橋上　それで中央大学に進学したわけだ。

阿部　僕が入学した当時の中央大学は東都リーグの2部でした。なんとかして、1部に昇格してそこで戦いたいという思いも強かったです。一方ではありがたいことに、1年のと

きからアマチュアの日本代表に入れていただきました。

橋上　東都の2部から全日本に入れたのはある意味、実力を相当評価されていたってことだぞ。

阿部　中央大学の先輩でもあり、当時の日本代表の監督だった**川島（勝司）**さん（アトランタオリンピック日本代表監督）が、僕が1年の春に出場した東洋大学とのリーグ入れ替え戦をたまたま見に来てくれていて、そこで僕は左の**倉（則彦・後に東芝）**さんからレフトに流してホームランを打ったんです。入れ替え戦では結局、東洋大学に負けて1部に昇格することはできなかったのですが、この一打がきっかけで、僕はその年の日本代表の夏合宿に呼ばれることが決まりました。

橋上　なるほど、慎之助は持っているな。大学4年生になったときにオリンピックに出場できるチャンスがあって、その前段階として19歳で日本代表に呼ばれる。オリンピックが終わったら、ジャイアンツから指名されて入団。すべてつながってくるんだ。

阿部　でも、もし川島監督が見ていたあの試合でホームランを打っていなければ、僕は代表合宿には呼ばれていなかったと思いますよ。今思えば、まさに紙一重のところで打った感じですね。

橋上　オレも高校時代、東海大浦安高校との練習試合をやっていたとき、どでかいホームランを打ったんだ。そのとき、たまたまヤクルトのスカウトが東海大浦安の別の選手を見に来ていたんだけど、目の前でオレがそんな当たりをかっ飛ばしたものだから、「なんだ、コイツは？」って驚いたみたいで、それから注目してくれるようになったんだ。

阿部　ありますよね、そうしたタイミングって。でもこのときの一打が、間違いなく僕の野球人生における最大のターニングポイントだったと思います。

あえてフライを打つ松井秀喜のティーバッティング

橋上　ジャイアンツには、たくさんいい選手がいたから、慎之助自身も「この選手の、ここを取り入れてみよう」と思ってトライしてみたことはあったんじゃないか？

阿部　タイプは全然違いますけど、当時の巨人は松井さん、由伸さん、清水さんという、いい左バッターがたくさんいました。いろんな人の打撃技術や練習方法を学んで、自分の技術にアレンジしていきました。

橋上　そのなかでもっとも参考になった練習方法というと？

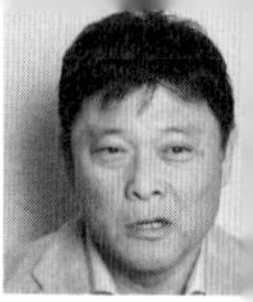

阿部　**松井さんのティーバッティング**です。バットにボールが当たったとき、**真上にフライを打つんですよ。言ってみればキャッチャーフライを打つ感じ。**お世辞にもスマートとは言えない、むしろ不細工な練習方法なんです。

　初めの頃は「この練習をやることで、どんな技術が身につくんだろう?」と不思議に思っていたのですが、打球を遠くに飛ばそうとするときにはボールの下を叩いて回転をつけないといけない。そのことに気がついて、僕も松井さんのティーの練習を取り入れてみたんです。

橋上　慎之助は本当にいろんな練習を取り入れていたよな。ティーバッティングのときにグリップの位置を変えたり、足の上げ方を変えてみたり、「今度は誰のマネをしているのかな?」と思って見ていたものだ。3連戦のすべてでバッティングフォームを変えていたこともあった。そういえばオールスターでも**大道（典良・現ソフトバンク二軍打撃コーチ）**のマネをしていたこともあったな。

阿部　あのときはちょっと……（苦笑）。

橋上　これは断言できることだけど、一流の選手ほど他の選手のモノマネがうまい。きちんと特徴をとらえてマネしているから、「おお、そうだな」って見ているほうもすごくわ

かりやすいんだ。

阿部　「見てマネができる」っていうのは、センスがあるということなんでしょうかね。

橋上　オレはそう思う。野村さんも**「いい選手になるための第一歩として、『モノマネをすること』が大事だ」**と話していたよ。いい選手の特徴をとらえることで、自分の技術にもよい影響を与えることにつながるというのが真意だったんだけど、成績を残している選手ほどモノマネはうまい。

阿部　その選手の様子を見て、自分でやってみて、これは合うと思うものは取り入れる。「これは違うな」「自分には合わないな」と思ったら、それははじいていく。そうして技術を身につけていくっていう方法は、実際にありますよね。

橋上　合うものは取り入れる。合わないものは捨てていく。自分にとって必要な情報かどうか、取捨選択していくのは大事なことだよ。

フリーバッティングは反対方向に打つ

橋上　松井のティーバッティングを取り入れたという話が出たけれど、フリーバッティン

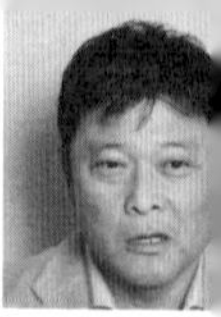

グについては、どんなことを心がけて打つようにしていたんだ？

阿部　若い頃は、打ちに行ったときに体が開かないように、ショートライナー、ショートゴロというように、**すべて反対方向に打つ**ようにしていました。2004年4月に当時の月間ホームラン記録（16本）に並んだことがありましたけれど、このときのバッティング練習に関しては、すべてショート方面にしか打っていませんでした。

でも現役の中盤以降になると、それに加えて「強く振ること」を心がけてフリーバッティングを行うようにしていました。体が開かないようにすることももちろん大切なのですが、若いときと同じ筋力の強さやしなやかさを保つのは難しくなってきたと悟ったときに、練習方法を変えるようにしたんです。

橋上　オレがジャイアンツにいたときは、フリーバッティングで反対方向に打つ練習をするのは、練習の最後のほうでだったな。

阿部　バッティングピッチャーが投げてくれるときには、反対方向に打球を飛ばしていましたけれど、ピッチングマシンを相手にフリーバッティングをしているときには、ファウルボールを打つ練習もしていました。ベース付近ギリギリまでボールを引きつけて、真横に打球を飛ばす感覚ですね。試合には万全の状態で入ろうと余念がなかったです。

成績を残していてもフォームを変える理由

橋上　オレが慎之助を見ていてすごいなと思ったのは、**成績を残しているのに、平気でバッティングフォームを変えていた**だろう。普通だったら「変えることで成績が下がるんじゃないか」って不安に思うはずなんだけれど。

阿部　今よりもっと打てるようになりたい、そのためには「他の技術を取り入れて試してみよう」っていう気持ちが強かったんです。ただ、橋上さんの言っていることはすごく理解できます。僕は自分の意思で「変えてみよう」と思いましたが、他の選手で今、成績を残しているのであれば、無理に「変えなさい」とは言えないですね。

橋上　バッティングとは関係ない話になっちゃうんだけど、たとえば、ピッチャーの**ヒールアップ**。足を上げたときに、軸足のかかとも上がってしまう状態のことを言うんだけど、**佐藤義則**さん（前楽天テクニカルコーチ）はこうしたピッチャーを徹底的に嫌っていた。ヒールアップしているピッチャーを見たらすぐに「直しなさい」って言っていた。

阿部　でもヒールアップして成績を残しているのなら、僕はあえて変える必要はないんじ

ゃないかと思いますけどね。

橋上　ヨシさん（佐藤義則氏）には理由を聞かなかったけど、かたくなに「ヒールアップはダメだ」って言っていたな。それが理由で見切りをつけてしまったピッチャーが過去にいたのも事実だ。ただ、ヒールアップしていることで即故障につながるということはないし、コントロールがバラバラになるということもない。

阿部　ウチで言えば、**田口（麗斗《かずと》）**がいい例です。田口は先発として入団してから3年目（2016年）と4年目に連続して2ケタ勝った。けれども5年目はさっぱりで、わずか2勝に終わりました。不振の原因はいろいろあるかもしれませんが、**ヒールアップをやめてしまったこともその1つじゃないか**と思っていたんです。

　僕は田口本人に「どうしてヒールアップをやめてしまったんだ?」と聞いてみたんですが、的を射た答えが返ってこない。あるとき、田口を見たら、ヒールアップに戻していたんです。そうしたら昨年は中継ぎながら、5年ぶりの優勝に貢献するピッチングをした。田口の復活ぶりを見て、その選手が持っている個性を生かすことも大事なことなんだなと、あらためて気づかされました。

「あの名選手はオレが育てた」と言いたがる者

阿部　自分の理論にないからといって、「〇〇はダメだ」と決めつけるのはよくないと思うんです。もちろん、故障に直結するようなクセだったら修正する必要はありますが、そうでなければ、その選手の持っている個性や特徴であれば、生かしてあげるべきです。

橋上　**特徴を消してしまうことで、その選手の良さが消えてしまう**ことはよくあることだ。選手にとっては悲劇にしかならないんだけどね。

阿部　過去に「球界を代表するような名選手を育てた」という触れ込みのある指導者ほど、自分の理論には絶対の自信を持っていますよね。それを否定する気はまったくないのですが、あまりに自分のやり方に固執しすぎると、「この人の言っていることは合わない」と選手から拒否されてしまうこともあります。

橋上　「昔はこの理論がよしとされていました。でも今は違います。こんな理論もあれば、またこういった理論もあります」という具合に考え方の幅を広げていけるコーチが、今の時代には求められているのかもしれない。

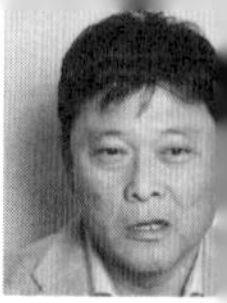

阿部　たとえば由伸さんだって、ピッチャーとのタイミングを測るとき、前足でリズムを取るのではなくて、軸足のかかとをリズムよく上げていました。そうしてピッチャーとのタイミングが合った瞬間に、前足をポーンと上げてスイングしていたんですよね。

橋上　もし彼のタイミングの取り方に指導者がメスを入れてしまったら、まったく打てなくなってしまった可能性が高い。

阿部　由伸さんは、誰もが納得できるほどの成績を残していましたからね。代打になってからも、たびたびチームに貢献するバッティングをしていました。もっとも、由伸さんくらいレベルの高い選手だったら、さすがに指導者は技術的なことは何も言わないでしょうけど、一軍半レベルの選手は、何か１つでも目につくところがあれば言われやすくなりますよね。その気持ちもわからなくはないですけれど、個々の選手が持っている特徴を指導者がむやみに変えようとしてしまうのは、非常に危険なことだと思うんです。

橋上　でも「あの名選手はオレが育てた」と言うコーチほど、選手本人に聞いてみたら「何も教わっていないですよ」と言うからね（笑）。オレはその名選手に、某コーチのことを直接聞いたから間違いない。そのコーチと選手が誰なのかは、口が裂けても言えないけどな（笑）。

スタメンより代打でホームランが難しい

橋上　楽天でヘッドコーチを務めていたとき、慎之助のバッティングを試合で見て、そしてシーズンが終わって打撃成績を見たときに、「えっ、これしか打っていないの？」って驚いたことが何度もあった。結局、ホームラン王のタイトルは1度も獲れなかったけど、「もっと長打を打ちたい」、あるいは「長打を打とう」と思ったことはなかったのか？

阿部　プロに入った直後は、「長打を打ちたい」と思っていましたけれども、いざ春季キャンプ、オープン戦へと進んでいくと、1番から7番まで僕以上に高い技術でホームランを打てるバッターがズラリと並んでいるのを見て、そうした考えを持つのはやめましたね。むしろ**「この打順のなかで、自分は何をすればいいのか」**を優先して考えるようになりました。

橋上　たしかに、ジャイアンツに入った2年目は、松井が日本で最後の年で、50本のホームランを打っていた姿を間近で見ていたわけだからな。由伸にしても、清水にしてもタイプは違うけれど、ここぞという場面で長打を打てる能力を持ち合わせていたし、「まずは

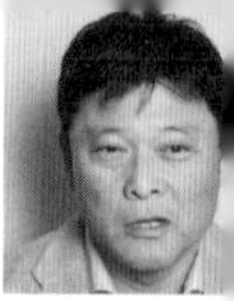

自分の果たすべき役割を見つけて全うしよう」と考えていたっておかしな話じゃない。

阿部　他の人がどうかは知りませんけれど、僕の場合、ホームランは狙っては打てないです。ただ、きちんとコンタクト（バットをボールに当てる）したら、ホームランは打てますよ。不思議なんですけれど、**「マン振り（目いっぱい、フルスイングすること）しようと思った打席ほど絶対に打てない**ですね。強振したらいかにも打てそうな感じがするじゃないですか。でも、実際は強く振ろうと思うがあまり、ボール球に手を出すわ、ストライクならなんでも振ってしまうわで、いいことないですね。

それよりも「ミートポイントを決めてコンタクトする」という気持ちで打席に入ったほうが、高い確率で好結果に結びついているような気がします。このことに気がついたのは、現役の晩年だったので、もっと早く気づけばよかったなと思いました。

橋上　４００号を打ったとき（２０１９年６月１日の東京ドームでの中日戦）はどうだったんだ？　あのときのホームランを見ていて、狙って打っていったような気がオレにはしたんだけれど。

阿部　唯一、狙って打ったと言えるのかもしれませんね。あの試合は０対４で負けているなか、６回に満塁で**（クリスチャン・）ビヤヌエバ**（現日本ハム）が、**田島（慎二）**から

満塁ホームランを打って同点になったんです。ドーム内の雰囲気も最高潮に盛り上がっていて、「田島も動揺しているだろうし、ここは初球からいくしかないな」って思い切り振ったら、ライトスタンドまで飛んだんです。あの打席はイメージ通り打てました。

橋上　「あと1本で４００号」というところから始まって、開幕から2ヵ月以上、ホームランが出ていなかったことは気にしていたの？

阿部　気にしていましたね。「あと1本で４００号」に届くにもかかわらず、どうしても打てなかった。それまでは代打での出場が多かったのですが、内心では「意識するなって言っても難しいよな」って思っていましたね。

橋上　代打でホームランを打つのって、相当な至難の業だよ。

阿部　代打って、試合の終盤の大事なところで出ていくじゃないですか。そうなると相手は試合を締めくくるためのセットアッパーだったり、クローザーといった、チームを代表する好投手が続々と登板してくる。１５０キロを超えるストレートと、キレ味鋭い変化球を持っているので、そう簡単には打たせてもらえないですよね。スタメンなら4打席くらいあるなかで結果を出していくわけですけれど、代打はたった1打席で結果を出さなければならない。精神的にかかってくるプレッシャーがまったく違いました。

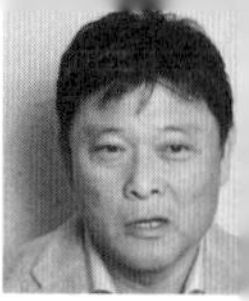

極限の集中力は全打席では出せない

橋上　原監督も慎之助の代打での使いどころは、相当悩みながら起用していたと思う。ただ、あの当時、ホームランこそ打てていなかったけれども、それまでにもヒットの数よりも打点のほうが多かったから、きちんと役割は果たしていたのは間違いない。

阿部　400号は代打で途中出場してからの2打席目でしたからね。ドームの雰囲気や相手ピッチャー、相手バッテリーの配球にも慣れてきたなかでの打席だったということも大きかったのかもしれません。

橋上　慎之助の場合、代打は意外と合っていたかもしれないな。スタメンだと4、5打席あるなかで、集中している打席とそうでない打席の差がハッキリと出てくることがある。でも**代打は「目の前の1打席だけに集中できる」**から、集中したときの慎之助の読みと技術を知っている人からすれば、頼りになる存在だったと思う。

阿部　バッティングで一番大事なのは、「集中力」なんですよね。代打での出場が多くなった現役晩年、それと引退した直後に、ふとしたときに考えたんです。もっと集中して打

席に立てばよかったな。もったいない打席ばっかりだったんじゃないかって。通算の全打席で400〜500打席だけでも、もっと集中して打っていれば、長嶋さんの通算ホームラン数（444本塁打）に並ぶことができたんじゃないかなと。

橋上　気持ちはわかる。ただ、これはオレの考え方だけど、慎之助にはそれは無理だったと思う。これまで数多くのバッターを見ていた経験から言わせてもらうと、**極限の集中力を持っていい仕事をする人ほど、すべての打席に集中することができない**んだ。慎之助が言うところの「もったいない打席」は、もう一度打ったところで、もったいない打席で終わっちゃったと思うよ。

でも気持ちの面でメリハリをつけることができたからこそ、チーム全員が「ここで打ってもらいたい」と思うところで、慎之助は高い確率で打つことができていた。メリハリがつけられない選手は、ここぞという場面をまかせることはできないものなんだ。

内川聖一がチームバッティングをする意味

橋上　慎之助は塁上にランナーがいるかいないかで、自分のバッティングに対して考え方

が変わることってあったのか？

阿部　ランナーがいる、いないでスイッチが変わることは基本的にないですね。それよりもランナーがいた場合には、「チームが勝つために今、この打席で最低限やらなければいけないこと」というのを決めて打席に入っていました。たとえば試合の終盤、同点でノーアウトランナー二塁という場面で打席が回ってきたとします。このとき、最低でもやらなければいけないのは、「二塁ランナーを三塁へ進めること」。そのためには、一、二塁間へゴロを打つ必要がありますが、実際には相手バッテリーはやすやすと引っ張れるようなボールを投げてくるようなことはしない。

だから僕はたとえ**アウトコースのボールであっても、初球からガッと踏み込んで打ちにいっていた。**そうすると、相手のキャッチャーは「これは近めには来ないと思って打ちにきたんだな」って考えるんです。僕と相手バッテリーとの駆け引きですよね。初球がアウトコースに来たら、次はもう一度、アウトコースに投げてくる。でもそのときはストライクではなく、ボールゾーンに投げてバッターの様子を見る。こうした状況のなかで、僕は「今、チームのために最低でもやらなくてはいけないこと」を、自分自身にプレッシャーをかけながら実行していました。

橋上　チームの中心選手が、こうしたことを考えながら打席で打っているチームは強い。それだけに慎之助の打撃成績やタイトルというのは本当に価値があると思う。たとえば、西武には中村というホームランバッターがいるけれど、オレは彼を4番バッターとしては評価していない。なぜなら彼は、試合の状況など関係なく、**自分の「打つ」という欲求を満たすために打席に入っている**から。「チームが勝つためには、自分はこの打席でどうすればいいか」などと考えて打席に立っていなかった。これならホームランの数も増える。反面、「ここで打ってほしい」という場面では、ことごとく凡退していたから、チームにとってプラスにならない打席の数のほうが圧倒的に多かったんだ。

その点で言えば、ソフトバンクの**内川（聖一）**は見習うべき点が多い選手だ。内川はチームの4番を打つ力がありながら、自分が最低限やらなくてはならないバッティングをきちんと判断してできる。若手にしてみればいいお手本だな。「あの内川さんがチームバッティングをしているんだ」と思って、彼のバッティングを見ているはずだから。

でも西武は残念ながら、そうしたお手本となる選手がいなかった。西武は2018年、2019年とリーグ2連覇を果たしたけれど、短期決戦ではソフトバンクにどうしても勝てなかった。ピッチャー陣を比較したときに、その力量の差に埋めがたい部分があるのは

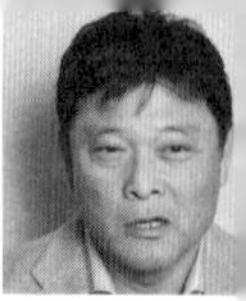

事実だけれど、**4番、あるいはチームの中軸を打つバッターが、チームバッティングに徹しているかどうか**も大きな要素だと思う。

阿部　その違いは大きいですね。

チーム第一で考えられる選手がいると強い

橋上　首脳陣の立場で考えれば、4番打者にああだこうだと規制をかけることはなかなかできない。それを「この場面はこういうバッティングをしよう」と、チームの中心打者が自ら判断して実践してくれるのは、起用する側からすれば非常にありがたいことだと思うよね。

阿部　チームバッティングで言えば、僕がうれしかったのは、昨年のシーズンで勇人がノーアウト二塁の場面でカウントが追い込まれたなか、セカンドゴロを打ってランナーを三塁に進めてベンチに戻ってきたんです。そのときの勇人は37本くらいホームランを打っていたんですが、あえて**「自分が決める」という気持ちを押し殺してチームバッティングに徹してくれた。**その姿を僕は率直に喜びました。

橋上　そうした「いい伝統」というのは、チームに引き継がれていくものなんだよ。

阿部　自己犠牲のプレーというものを、僕は二軍では査証してあげるべきだと思うんです。送りバント1つ決めたところで、ベンチのなかが「よくやった！」って盛り上がったっていいんです。相手チームからしたら、「たかがバント1つ決めたくらいで、何をあんなに喜んでいるんだ？」って不思議がるかもしれませんが、チームのために自己犠牲の働きを見せたことを僕は尊いことだと思うんです。

橋上　どんなにたくさんホームランを打っている選手だって、打席数だけを見れば10～20打席に1本がいいところ。「勝たなきゃいけない」というチームになればなるほど、求められるのは、**「チームのために、今、何をすべきか」という状況判断ができるかどうか**なんだ。個人の成績のみに特化しているチームには、派手にホームランを打つ選手が必ずいる。でも、そういうチームは大事な試合では、ことごとく負けているイメージしかないのも事実なんだよね。

阿部　誰が見てもいいピッチャーというのは、そう簡単には打ち崩せないですよ。エイヤッで振ったら、たまたまフェンスオーバーして1点取ったとか、せいぜいそのくらいで、下手したら完封されてしまうことだってあり得ますからね。

橋上　エースと対戦するときには、大量得点を望めないと考えるのは当然のことだよ。それだけに自分本位のバッティングをするのではなくて、一人ひとりの力を結集させて、チームで束になって点を取りにいくことを考えたほうが、勝ちに近づいていくものなんだ。

スタンリッジは無条件に苦手なピッチャー

橋上　慎之助が対戦したピッチャーのなかで、もっとも得意としていたのは誰だった？

阿部　やっぱり打ったイメージが強いのは、ヤクルトの**石川（雅規）**、**館山（昌平**・現楽天二軍投手コーチ）、横浜（ＤｅＮＡ）の三浦大輔さんですね。実際に石川と三浦さんからは通算11本塁打を打っていて、さらに石川からはホームランも含めて46本もヒットを打っているんです。石川は大学時代（石川は青山学院大学出身）からずっと対戦していますし、シドニーオリンピックにも一緒に行っている間柄で、お互いの手の内を知っているがゆえに、プロに入ってから対戦するときはいつも駆け引きをしていましたね。「お前、チエンジアップにクセが出ているから、今日は打たせてもらうぞ」と言ったら、試合では投げてこなかったなんてこともありました。

昨年の前半、僕は代打での出場が多かったのですが、神宮球場で石川と会ったときに、「お前さんが登板するとき、オレのまさかのスタメンがあるからな。心しておけよ」と言うと、「いやいや、出ないでくださいよ」って返されました（笑）。

橋上　そのジョークを交えた脅し、石川にしてみれば嫌だっただろうな（笑）。

阿部　ただ、石川からホームランを打つときって、キャッチャーが**相川（亮二）**さん（現巨人バッテリーコーチ）のときが多かったんです。配球も読めていた気がしますね。

橋上　逆に、苦手だったピッチャーは誰だった？

阿部　無条件で**（ジェイソン・）スタンリッジ**（阪神・2010〜2013年まで所属ほか）ですね。足を上げてから、ステップ、リリース、フォロースルーという一連の投球モーションの流れのなかで、スタンリッジの場合は足を上げてからフォロースルーまでが早くて、タイミングが取りづらかったんです。なんとか自分の間合いで打とうと思っていたんですが、どうしても無理でした。それに加えてストレートの速さが150キロを超えていましたからね。彼のようなアメリカンスタイルの投球フォームのピッチャーは、ちょっとお手上げの状態でした。

橋上　たしかに慎之助のように、ゆったりと間を取るバッターは、スタンリッジのような

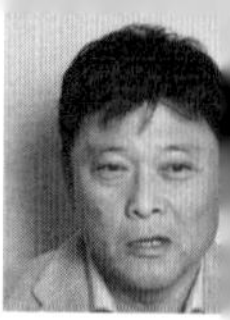

タイプのピッチャーと対峙すると立ち遅れがちになる。でも、2013年シーズン（4月17日）は東京ドームでホームランを打っているぞ。

阿部　えっ、そうですか。それすら記憶にないほどやられていた印象が強いんですよ。

いいバッターはゆったりと長く間を取る

阿部　スタンリッジと似たタイプで言えば、**九里（亜蓮《あれん》・広島）**ですね。九里も打てた記憶がありません。

橋上　**いいバッターはゆったりと長く間を取ることが多い。**慎之助も例外なくそのタイプに当てはまるんだけど、それが合わないピッチャーもいるんだよな。

阿部　バッティングで大切なのは集中力、そしてもう1つが「タイミング」なんです。ピッチャーが投げた瞬間、自分の間合いでタイミングが取れているかどうか。それさえできればアジャストできる確率は高くなります。でも、タイミングが取れていないと、たとえど真ん中に投げられても、バットを振りにはいけなくなります。

そこで僕は、相手がクイックで投げてくるかもしれないと想定して、右足の上げ方をフ

ワッと上げるようにしたんです。昔は右足に勢いをつけてガッと上げていましたけれど、それだとクイックのピッチングフォームに対応することができない。勇人だって昔に比べたら、トップに入るときに左足を上げていない。なぜなら**「いつかクイックで投げてくるかもしれない」**と、勇人自身がアンテナを張っているからなんです。だから僕は、指導者として若いピッチャーたちに「自分はどういうピッチャーが打ちにくかったのか」を伝えていきたいと思っています。ランナーがいなくてもクイックで投げたっていいんです。相手から「ずるいぞ」などとヤジが飛んだって関係ない。相手バッターを抑えるためには必要な手段なんですから。プロの世界での真剣勝負である以上、どんな手を使ってでも抑えたほうが勝ちなんです。

橋上　たしかにピッチャーならば抑えてなんぼ、バッターだったら打ってなんぼの世界だからな。ランナーなしの場面でピッチャーにクイックで投げられたら、バッターは面食らっちゃうかもしれないな。

阿部　この足の上げ方が生きたのは、２０１３年のＷＢＣ（ワールド・ベースボール・クラシック）ですね。対戦したピッチャーすべてが初顔合わせじゃないですか。しかも、この試合が終わったら二度と対戦することがないかもしれない。そう考えると、スタンリッ

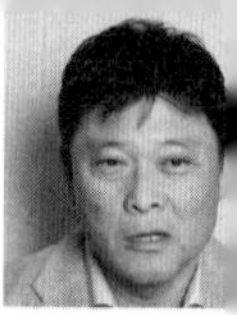

ジを打てなかったことで、試行錯誤しながら対策を立てた経験が生かされました。

橋上　WBC開催も、スタンリッジからホームランを打ったのも2013年か。なるほど、対策が生きていたんだろうな。

阿部　初球から追い込まれている気持ちになって、打席に立っていました。たとえば、日本のピッチャーが相手だと、追い込まれたら**「コンパクトに振ろう」「バットを短く持とう」「スタンスを狭くしてみよう」**などといった対策を立てて臨みますが、初めからそうした工夫をして打席に立っていました。

柳田悠岐のマン振りをマネする者へ

橋上　打席のなかで何かを感じてパッと変えられるというのは、一流の証拠といえる。2球で追い込まれて、バットを短く持つなんて、言うのは簡単だけれどなかなかできることじゃないよね。

阿部　実は結構、勇気がいるんですよ。でも、カウントが2ストライクと追い込まれていることを考えれば、打開策を見いだせる方法を取らないとバッターは負けてしまいます。

バットを短く持つというと、シングルヒットしか打てないと考えがちな人もいますけれど、必ずしもそういうことばかりじゃない。バットを短く持ったって、サク越えのホームランを打つことはできるんです。

橋上　打席内で瞬時に判断できることが、慎之助の成績にも表れているのかもしれないな。

阿部　だから、ある程度の数字を残すことができたんだと思います。たとえば今だったら、ソフトバンクの**柳田（悠岐《ゆうき》）**が思い切りマン振りして、メジャーから来ている言葉をそのまま鵜呑みにして、**「フライボール革命だ」**などともてはやすマスコミの人もいるでしょう。たしかに、マン振りしてフェンスオーバーさせるバッティングフォームは、柳田には合っているかもしれない。けれども、**実際にはマン振りしても合わない選手のほうが多い。**あれだけブンブン振ったら、普通は正確にボールをとらえて遠くに飛ばすことはできませんから。

　もちろん、一度くらい柳田のバッティングフォームを見よう見まねでトライしてみるのはいいんです。でも「自分には合わないな」と感じたときに、サッと切り替えて自分のスタイルをつくっていけるかどうかが、技術を習得していくうえで大事なことだと思うんです。

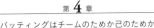

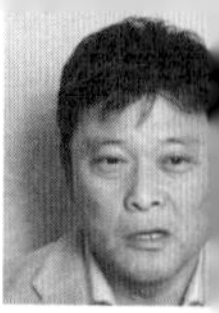

橋上　あれだけブンブン振って、フェンスオーバーさせるんだからな。「マネしてみよう」って思う気持ちもわからないでもない。

阿部　たとえば中学生、高校生ぐらいで柳田のマネをして、最初の打席でカーンといい当たりを打っちゃったとします。そこで「この打ち方が自分には合う」と考えてしまう。でも、最初の打席でいい当たりが飛ばせたのは、たまたまそのピッチャーとタイミングが合っただけかもしれない。それが証拠に、他のピッチャーに当たった途端に、てんで合わなくなってしまったなんてことはよくあるんです。でも、「あのときはたまたまタイミングが合っただけだ」と考えたりしないから、やがて打てなくなってしまって、それが長い期間に及んでしまうこともある。

こうなると、まずは元に戻してみることが必要なのですが、なぜかマン振りの精度を高めるほうに走ってしまい、マン振りの練習ばかりを重ねてさらに失敗を繰り返してしまう。「柳田の打ち方は自分には合わない」ということに気づいて修正しなくてはいけないんですけど、それがなかなかできないんです。

橋上　今は中学生、高校生でも、ＹｏｕＴｕｂｅで簡単に映像を入手できるから、それを見よう見まねでやってみて、ダメだったら変える……のではなくて、「そうじゃない。こ

こをこうしてみよう」と**「柳田のコピー化」**に走ってしまうんだ。本来なら「君の行くべき方向はそっちじゃない」と指導者が教えてあげなくてはいけないんだけれど、それができない、あるいは指導者側も言えないのかもしれない。

阿部　**合わないものは早く気づかせてあげて修正させる**ことなんです。そうしないと、バッティングの動作のなかで、スイングやちょっとした体の使い方で変なクセがついてしまいます。そうなると簡単には修正できなくなりますし、修正するまでにかなりの時間を要するんです。

WBCで見せた中田翔の打撃創意工夫

橋上　バッター・阿部慎之助としての観点は、キャッチャーとして守備についたときにも生かせる部分はあったのかな？

阿部　バッターとして創意工夫をしていたことは、キャッチャーをやったときに十二分に生かされていましたね。**他のチームのバッターが打席内で仕掛けている様子などは一目瞭然**でした。なんの工夫もないバッターは攻めやすかったですね。

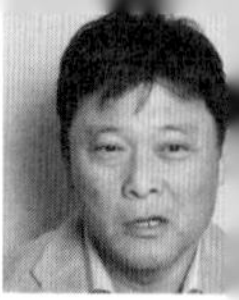

橋上　なんの仕掛けもないバッターって、意外だけれどプロには多いんだよね。とくに下位を打つバッターや、一軍と二軍を行ったり来たりしている選手には、この手のタイプが多い。そういう選手には、**「一軍と二軍を行ったり来たりしているのは、お前さんの工夫が足りないからなんだよ」**と言いたくなるときがたびたびあるよ。

阿部　「おっ、やるな」と思わせてくれたのは、日本ハムの**中田翔**でしたね。翔は２ストライクに追い込まれると、スタンスを変えたり、バットをひと握り短く持って、なんとか対処しようとしていました。２０１２年の日本シリーズ第６戦で、６回表に澤村から同点ホームランを打ちましたけど、あの打席などはその典型ですね。

橋上　中田が２０１３年のＷＢＣに招集されたのは、そうした部分を評価されてのものだったことは間違いない。初モノの、海のものとも山のものともわからない外国人ピッチャーを相手にしても、臆せず創意工夫できるスキルがなければ、世界の舞台では戦えないからね。

　反対に、西武の中村は、これまでに一度もＷＢＣの日本代表に招集されていない。あれだけホームラン王のタイトルを獲得していてお声がかからないというのは、中田とは反対に打席での創意工夫が見られないという評価を下されてしまっているんだろう。たしかに

ホームランは多い。でも「ここで打ってほしい」という場面では、ことごとく凡打ばかりだった。これでは評価する側からしたら**「無責任なバッティングばかりする」**と判断されてもおかしくはない。

阿部　極端な話、2アウトランナーなしでマン振りして三振するのは別にいいんです。問題は状況を読めるかどうかでしょうね。

橋上　山川も以前までは中村と同じ傾向があった。けれども、「ソフトバンクの内川はどうして打率が高いんだ？　なぜ打点が多いんだ？　チームバッティングに徹しているからだ」とことあるごとに話し続けていたら、打席内で少しずつだけれど、創意工夫が見られるようになったんだ。

阿部　彼はもともとパンチ力がありますから、別にマン振りしなくても打球を遠くに飛ばすことはできるということに気づいたのかもしれませんね。

橋上　結果、打点数が増えて、勝負どころでいいバッティングができるようになった。もともと技術はある選手なんだから、あとはいかに考えて打席に立てるかだけだったんだ。それができるようになったんだから、数字もついてくるようになるのは必然だよ。

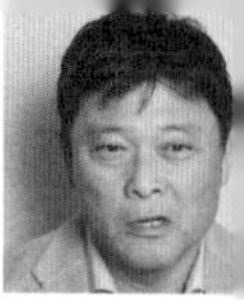

必要なのはチーム打率ではなく得点力だ

橋上　西武で指導していてわかったことだけど、他のチームと比べても個々の選手の能力は高い。これはまぎれもない事実だ。でも、ノーアウト満塁のチャンスにもかかわらず、三者三振で帰ってきても、平然としている。これがソフトバンクの場合だと、同じ場面で１人目が三振したら、次のバッターはきっちり外野に犠牲フライを打つ。

西武は「チーム打率は高いが、得点力が上がらない」とよく言われていたけれど、それは状況に応じたバッティングができていなかったから。ヒットかホームランでなければ点が取れなかったんだ。

阿部　２０１９年シーズンの中日と一緒ですね。チーム打率はセ・リーグで一番（2割6分3厘。巨人は2位で2割5分7厘）でした。でも、得点力はリーグで5番目（５６３得点）。これに対して巨人の得点力は、リーグトップの６６３得点だったんです。

どんなにチーム打率が高くても、肝心な得点を取る野球ができていなければ、勝利に結びつかない。チーム打率が高いことをバッティングコーチは喜んでいるんでしょうけど、

得点が取れていないのであれば、まったく意味がない。チーム打率は高いのに、なぜ勝てないのかを違う角度から考えないといけませんね。

橋上　野球はヒットの数を競うスポーツじゃない。相手よりも1点でも上回ったほうが勝つスポーツなんだ。1イニングでヒット3本打って0点に終わるんだったら、ヒット0本でも、四死球やエラー絡みで1点取れたほうがいい。そのためにも、打席で創意工夫をすることは大切なんだ。追い込まれたらバットを短く持ってみるのもいいだろうし、足を大きく上げて打っていたのを上げ幅を小さくしてみるとか、その打席ごとに考えて打つべきだよ。

阿部　大学時代、「いいピッチャーだから初球から積極的にいけ」とよく言われていたんですが、試合を重ねていくうちに「それは違うな」と思い始めたんですね。なぜなら、あまりにも初球から積極的に打ちにいきすぎると、相手バッテリーからすれば、

「初球はストライクからボールになる変化球を投げておけば大丈夫」

などと考えてしまう可能性が高いからです。そんなボールを打ったって、長打を打てる可能性は低いんですから。何も考えずに積極的に初球から打ちにいっても、たまたまいい結果が生まれることもあるかもしれないけれど、逆の結果に終わる確率のほうが高いんで

す。だから、チームとして**「1巡目はあえてワンストライクまで待とう」**と徹底してみるのもアリだと思って、監督に提言したこともありました。

橋上　チームで統一した考えを持って試合に臨むことほど、相手チームを警戒させるものはないだろうね。

阿部　まずはキャッチャーに「あれ？　振ってこないな？　どうしてだろう？」と思わせることが大事なんです。「あれ？」と考えだしたら、初球にストライクからボールになる変化球を投げてくる確率は低くなる。逆に、初球でストライクのストレートを投げてくる確率が高くなるので、2巡目に入ってからそのボールを狙って打つのもアリだと、当時は考えたんです。

橋上　昔、野村さんから言われたことがある。**「チームとして『今日はこういう作戦をやってみよう』と足並みを揃えて徹底することで、攻略できる糸口になることもある」**と。なるほどな、そういう考え方もあるんだなと勉強になったな。

阿部　相手チームが徹底して何かをやってきたと感じたとき、キャッチャーは「あれ？」と嫌な予感がよぎるんです。場合によっては不気味ささえ感じる。そうなるとピッチャーの良し悪しに関係なく、キャッチャーは配球に迷いが生じてしまうんです。

でも、今の若い選手を見ていると、そうした駆け引きをする様子がない。「自分が結果を出すには、どうすればいいのか」しか考えていない。それもたしかに必要なことではあるんですけれど、「今回の打席はこういこう」「次の打席ではこんなアプローチをしてみよう」と駆け引きしながら打席に立てば、もっともっと野球を面白く感じるようになるはずです。

あえて2ストライクまで待って打つ代打の極意

橋上　引退となった2019年シーズン、開幕してからしばらくは代打での出場が多かった。試合を左右するような場面での登場も多かったけど、慎之助は代打のとき、とくに気をつけていたことって、何かあったか？

阿部　「どういうシチュエーションで打席に立つか」を重視していました。よく「代打は積極的にいきなさい」とアドバイスする人もいるかと思いますが、2アウトランナーなしという場面で初球を打って凡退してしまえば、相手に流れが行ってしまいかねない。とくに僕が代打で出るとなると、「阿部を打ち取れば、次の攻撃はウチに流れが来る」など

と期待するでしょう。そこで初球をカーンと打って凡退してしまったら、相手チームは「よっしゃー!」とイケイケの姿勢に変わってしまいます。味方は味方で、僕が出塁することを期待しているから、凡退してしまうとシュンとしたムードになってしまう。これが一番怖いんです。

だから僕は、ポンポンと簡単に２アウトをとられてしまったときに打席が回ってきた場合は、**あえて２ストライクまで待ってから打つ**ようにしていました。三振になってしまう可能性もあり、状況によっては損な役回りになることもありますけれど、この場合、**打席で時間を稼いで粘ることのほうが大切**なんです。反対に、２アウト満塁のような場面だと、相手ピッチャーが「あと１人打ち取れば、この場面を切り抜けられる」と精神的にいっぱいいっぱいになっていることが多い。そういうときは初球から甘いボールが来る確率が高いので、積極的に打って出ることもありました。

橋上　ゲームの流れはたしかに大事だな。それをどう読み取って、流れを自分たちに引き寄せられるかどうかなんだ。

いい当たりのアウトよりどん詰まりのヒット

橋上　野球って不思議なスポーツだなと感じるのは、「流れ」には逆らえないということだ。いい流れに乗ることができれば、万事うまくいくことがある一方で、流れに乗れなければ、そのまま悪い流れにズルズルと引きずられて、何もすることなく終わってしまう……なんてことが起きがちなんだ。

阿部　野球に限らず、あらゆるスポーツに流れはありますよね。それに乗り切れなかったら、残念ですが負ける確率は高くなる。**野球の場合、日本シリーズやクライマックスシリーズなどの短期決戦で、それが顕著になりますよね。**

橋上　たとえば、どんなにいい当たりを打っても野手の正面に行ってアウトになる場合もあれば、どん詰まりのフライを打ち上げても、たまたまいいところに飛んでヒットになることもある。いい当たりを打ってヒットになるに越したことはないが、アウトになれば当たりが良かっただけに「なんだか嫌な流れだな」という心理状態を自ら背負い込んでしまう。こうなると「ヒットが出ない」状態に陥ってしまいがちなんだ。短期決戦の罠だな。

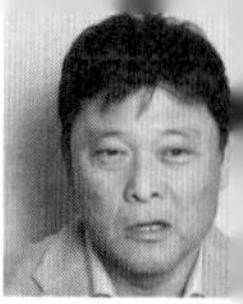

阿部　短期決戦は内容じゃないんです。アウトかヒットかの結果を求められる。**「いい当たりのアウト」じゃなくて、「どん詰まりのヒット」でいい**んです。2012年の日本ハムとの日本シリーズでは、いい流れに乗って優秀選手賞を獲得することができました。日本一が決まった第6戦で、左の**石井（裕也）**から打った決勝タイムリーは今でも感触が残っています。でも翌年の楽天との日本シリーズはその流れに乗り切れなかった。

橋上　よく日本シリーズで活躍した選手を**「シリーズ男」**って言い方をするけれど、これはそのときになってみないと誰も読めない。その年の、そのときのシリーズでたまたま運を持っていた人が当てはまっただけのことで、首脳陣にもまったく読めないことだ。

阿部　「シリーズ男」はマスコミが作った言葉なんでしょうけれど、それと比較するように短期決戦で活躍しなかった選手を**「逆シリーズ男」**と揶揄しますよね。選手の立場で言わせてもらえば、「長丁場のペナントレースであれだけ活躍したのに、6〜7試合活躍しなかったからって、そういう言い方をしなくてもいいでしょう」ってことですよ。

橋上　いろいろな考え方があるけれど、チームとして日本シリーズに出場して、そこで戦うメンバーの一員として選ばれただけでも、すごいことだと思うんだけれどね。

阿部　マスコミも記事やニュースを大きくしてくれるために、一生懸命考えてくれるので

すが、過剰なときもありますよね。

橋上　そうした経験を経てきたからこそ、今の慎之助がある。巨人で19年間、一軍の舞台で活躍し続けて、リーグ優勝8回というのは大した偉業だ。

阿部　ありがとうございます。若い選手たちにはぜひ僕以上の数字を残してほしいですし、それをぜひ一軍の舞台で経験してほしいと思いますね。今から15年、20年経ったときに、「阿部さんは現役時代の優勝回数が8回？　僕たちは10回以上しているんですけど」といった具合に憎まれ口を叩いてくれるような選手が出てきてくれれば、将来の巨人は安泰ですよ。

橋上　そのためにはまず指導者として、慎之助が何をどう教えていくかだな。

阿部　まだスタートしたばかりですが、1人でもリーグ優勝、日本一に貢献できるような、活きのいい若手選手を一軍に送り込みたいです。

千賀からホームランを打てた日本シリーズの「流れ」

阿部　そう言えば、試合の流れの話で思い出したことがあります。1アウトランナーなし

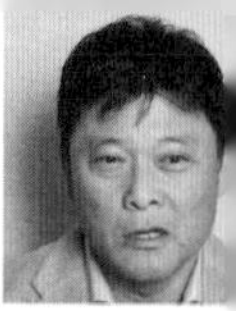

からでも、あえて初球から打ちにいったことがありました。２０１９年のソフトバンクとの日本シリーズ第１戦が、まさにそれでした。２回表、１アウトランナーなしで、相手は**千賀（滉大《こうだい》）**君。ソフトバンクのみならず、日本球界を代表するピッチャーですが、僕はあえて彼だからというのではなく試合の流れから、

「１アウトランナーなし。初球はアウトコース高めでストライクを取りにくるだろうな」

と読んだんです。実際、初球は考えていた通りにアウトコース高めのストレートが来ました。しかも千賀君は全力で投げているわけではなく、ストライクを取りにきていたので、スピードがやや抑えめだった。彼は１６０キロのストレートが投げられる能力があるのに、１４０キロ台後半のスピードだったんです。それを逃さず、ライトスタンドに放り込みました。

橋上　あれは見事だった。千賀の、しかも初球を叩いてフェンスオーバーさせるなんて、並みの技術じゃできないことだ。

阿部　でも、次の打席からシリーズが終わるまで、ソフトバンクのバッテリーはアウトコースにはボール球しか投げてこなくなり、「勝負球はインコースで」というスタイルで徹底して攻められました。

橋上　その徹底の仕方が、いかにもソフトバンクの野球だな。

阿部　巨人がソフトバンクに4連敗した直後、両チームの差はどこにあったのかを分析した記事を目にしました。ある人は**「シリーズの経験の差にあった」**などと言っていましたが、僕はそうは考えていません。**「相手バッターを打ち取ることに対して徹底できたかどうかの差だった」**と思っています。

第3戦で**（リック・）バンデンハーク**が登板したとき、ウチの4番の**岡本和真**が、7球連続でカーブを投げられた。こうした攻めをされると、「えっ？」ってなりますよ。見ている僕らが戸惑ったくらいですから、打席の和真は相当面食らったでしょうね。

橋上　工藤監督が嫌うのは、「勝負球のストレートをホームランにされること」だというのは聞いたことがある。

阿部　工藤さん自身、現役時代に苦い経験があるからなのかもしれません。工藤さんはカーブとスライダーを筆頭に球種が豊富にありましたけど、なぜか左バッターのインコースにストレートを投げ切ることができなかったように思うんです。右バッターのアウトコースにはストレートを投げ切ることができるのですが、左バッターに関しては勝手が違ったようでした。工藤さんは2007年に横浜に移籍したのですが、その頃のチームのミーテ

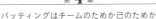

イングで僕は、

「工藤さんは左バッターのインコースにはストレートを投げ切れないので、それ以外の球種を狙っていきます」

と宣言して、試合ではカーブをスタンドまで運ばせていただきました。

橋上　オレも工藤さんから、1992年の日本シリーズ第6戦（神宮球場）でホームランを打ったことがある。オレはもともと左ピッチャーを得意としていたから工藤さんを打つことができたけど、工藤さんにはもともとコントロールのいいイメージがあるから、慎之助の話は意外な気がしたな。

ひざ元にきた大谷翔平の「162キロ」

橋上　慎之助がもっとも印象に残っている「思い出の一打」を挙げるとしたら、どの試合になる？

阿部　やはり2012年の日本シリーズ第6戦、日本一を決めた一打ですね。マウンドは**石井（裕也）**がいて、カウントは3ボール1ストライクになったときでした。この場面で

僕は「彼の勝負球であるスライダーしかない」と思っていたのですが、イメージ通りのアウトコースぎりぎりのスライダーが来た。そこへ素直にバットを出してみたら、打球がセンター前に抜けてくれたんです。

橋上　オレにとって印象に残っている慎之助の一打は結構多いな。２０１４年の交流戦で日本ハムとの札幌ドームでの試合で大谷翔平と対戦したとき、いきなり引っ張ってライト前にヒット。その後もセンター前にクリーンヒットを打ったよな。

阿部　そうですね。この年、大谷君とはマツダスタジアムで行われたオールスター戦でも対戦しました。いきなりストレートがひざ元に来て、速すぎてよけられなかった。すぐにバックスクリーンのスピード表示を見たら**「１６２キロ」**と出ている。「速っ！」って、ただただ驚きました。

橋上　そう考えると幅広いピッチャーから打っているよな。１６０キロを超える大谷を打ったかと思えば、１３０キロ前後のストレートを投げる石川まで打てるんだから。

阿部　三浦さんにしろ、石川にしろ、大谷君にしろ、みんなコントロールがいいのはわかっていますから。あとは「どんとこい！」って上段に構えるだけでした。

橋上　なるほどな。球場で好き嫌い、あるいは得意・苦手にしていたところはあった？

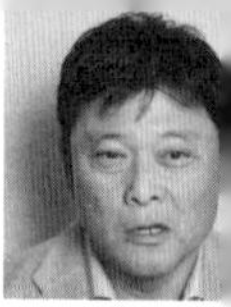

阿部　なぜかわからないんですが、**ナゴヤドームはあまり好きじゃなかった**ですね。それと**マツダスタジアム。**嫌いというよりも、カープファンが選手を応援する雰囲気には毎回圧倒されていて苦手でした。カープのピッチャーが３ボールになってピンチになると、スタンドから「ワー」と大声援が送られてくる。３連覇したときのマツダスタジアムの盛り上がり方は尋常ではなかったですね。

　２０１６年に東京ドームでカープが25年ぶりのリーグ優勝を決めたときは、バックネット裏まで赤く染まっていました。「うわっ、カープファン、多すぎないか？　バックネット裏に巨人ファンがいないぞ」と本拠地でも圧倒されたことは、今でも衝撃的ですね。

橋上　あのときは25年ぶりのリーグ優勝だったからね。**黒田（博樹）**と**新井（貴浩）**が抱き合って泣いていたな。

阿部　半面、敵チームであっても声援を送ってくれるのもカープファンのいいところなんですよ。２０１７年8月13日に僕が２０００安打をマツダスタジアムで達成したとき、敵チームでありながら場内は拍手に包まれて、「おめでとう」の声が飛んできました。

橋上　あのときはたしか３連戦の３戦目だったよな。

阿部　そうです。あの試合、巨人は劣勢だったんですよ。試合終盤まであと１本が出ずに

もどかしくいたのですが、でも、最終回に最後の打席が回ってきたとき、「とにかく塁に出よう」とチームの勝利だけを考えて打席に立ったら、それまで打てなかったヒットがようやく出てくれたんです。

橋上　無欲で得た2000安打だったということか。「ここで1本打っておこう」とか、変な欲が出ていたら、マツダでは打てなかったかもしれないな。

甲子園における巨人軍と阿部はヒールか

橋上　逆に、好きな球場を挙げるとしたらどこだ？

阿部　楽天の本拠地の仙台（**楽天生命パーク宮城**）は好きな球場でしたね。楽天と対戦するとかしないとか関係なく、前にも話しましたけれど、あの独特の雰囲気のなかでプレーするのが楽しくてしょうがなかったですね。

橋上　そこではオレは、慎之助がバンバン打つ姿しか印象になかったけどな（笑）。

阿部　それと、**甲子園**も大好きでした。僕はもともと阪神ファンだったので、阪神の応援歌を自分の応援歌だと思ってプレーしていました。

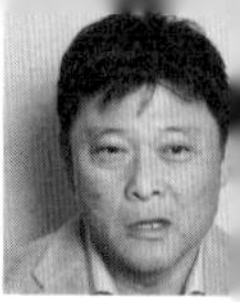

橋上　甲子園は独特の雰囲気だよな。辛らつなヤジとかは飛んでこなかったの？

阿部　きましたよ。ワイルドピッチでバックネット付近まで来たとき、「おりゃー、阿部のボケーッ！」っていう怒鳴り声が聞こえてきましたからね。
「は？　何言ってるんだ？　とんでもないところに投げたのはピッチャーだし」と内心思っていましたけどね（笑）。そう言いながらも、甲子園のタイガースファンには、今でも感謝していることがあるんです。僕の引退がスポーツ紙などで発表された日（２０１９年9月24日）の甲子園での試合で、９回に代打で登場したとき、阪神側の応援スタンドのお客さんが一斉に、拍手と歓声を送ってくれたんです。**甲子園においては巨人、とくに僕はヒールの役回り**だとずっと思っていたのですが、この日はレフトスタンド、ライトスタンドを問わず、スタンドにいるみんなが温かく見守ってくれました。打席のなかで内心、感動していたんです。

橋上　それだけ慎之助は、みんなから愛された選手だったということだよ。

阿部　愛されていたといえば、昨年の日本シリーズでソフトバンクに4連敗を食らった直後、一塁側のベンチ裏でミーティングをしていたんです。すると球団の関係者が、
「ソフトバンクの選手が全員、阿部さんのことを待っています」

と言いに来たので、僕は慌ててグラウンドに飛び出していったんです。そうしたらマッチ（**松田宣浩**）が、

「阿部さん、待っていましたよ！」

と目をパチパチさせながら（笑）、僕を輪の中心に引き寄せたあと、ソフトバンクの選手全員で胴上げしてくれたんです。あれはウルッときましたね。

橋上　敵チームの選手たちから胴上げされるなんて、楽天のときに２００９年のクライマックスシリーズで日本ハムに負けたあとに胴上げされた野村さん以来かもしれないな。

阿部　まったく聞かされていなかったですからね。まさにサプライズの胴上げでした。

橋上　２００１年オフに長嶋茂雄さんから原さんに監督が代わり、キャッチャー・阿部慎之助が確立されていった。阿部慎之助という選手は、２０００年代から２０１０年代のジャイアンツにとって、まさに象徴のような存在だよ。ちょっと調べたんだけど、**慎之助はジャイアンツの歴代の選手のなかで、２番目に出場試合数の多い選手**なんだよな。

阿部　あ、そうなんですね。ちなみに１番は誰ですか？

橋上　**王（貞治）**さんで２８３１試合。慎之助が２２８２試合。３位が**柴田（勲）**さんで２２０８試合。次いで長嶋さん（２１８６試合）、**川上（哲治）**さん（１９７９試合）、**森**

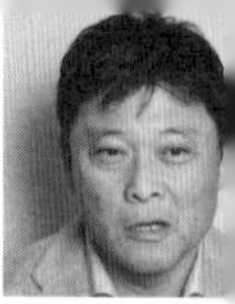

（祇晶《まさあき》）さん（1884試合）、由伸さん（1819試合）、**川相（昌弘）**さん（1709試合）、原監督（1697試合）、勇人（1670試合・試合数は2019年シーズン終了時までのもの）の順だ。

阿部　すごい！

橋上　現役を終えたら、ジャイアンツの球団史に名前を残せるような選手になっていたんだ。オレとしては**国民栄誉賞級**の価値があることだと思っているよ。

阿部　いやいや、それはさすがに言いすぎでしょう。僕は今年の1月にいただいた、**浦安市の市民栄誉賞**（2020年1月27日受賞）で十分満足していますから（笑）。

第5章

巨人軍と阿部慎之助の未来

原監督の1勝から1000勝まで見てきた唯一の男

橋上　慎之助もいよいよ今年から二軍監督になったわけだけど、2019年のリーグ優勝を決めたあとには、**「来年も現役を続けます」**と電話をくれたよな。それから数日して引退が決まり、日本シリーズが終わった直後には二軍監督に就任することが発表された。

阿部　はい、そういう流れでしたね。現役の19年間、大きなケガをして戦列を離れたことはなかったものの、ふくらはぎの肉離れや背筋痛、右肩痛、そして晩年は首痛にも悩まされていて、実は満身創痍《そうい》の状態だったんです。現役引退は、そうした苦しみから解放される安堵感もありつつ、一抹の寂しさもありましたね。

橋上　原監督から引退と同時に二軍監督の就任の要請があったわけだろう。

阿部　たいへん光栄に思ったのと同時に、「僕でいいのかな?」という不安も正直ありました。一軍には通算1000勝以上勝っている原監督がいて、僕は二軍の指導者として何がどこまでできるんだろう?　って考えてしまったんです。

橋上　現役を退いていきなり指導者、しかも二軍監督になるんだからな。不安がないなん

てことはあり得ないよ。

阿部　原監督として1000勝を挙げたとき、ふと思ったんです。**「原監督の1勝目から1000勝まで、すべて見ている現役の選手って僕だけなんだな」**と。

橋上　そう言われればそうだよな。他の選手はその間にみんな現役を退いたり、途中からジャイアンツに入団した選手ばかりだからね。

阿部　今でも入団1年目のベンチ内を思い出すことがあるんですけれど、僕の後ろには長嶋監督と原ヘッドコーチが仁王立ちしていたんです。僕が試合でミスをしたり、大量失点したりすると、原さんに首根っこをつかまれて、ベンチ裏に連行されて、こう言われたことがありました。

「お前さんは、この試合がどういう試合なのかわかっているのか？」

僕はただただ、「はい！　すみませんでした！」としか言えなかった。もしも「わかっています」などと言おうものなら、

「だったらなんであんなリードをしたんだ!?」

と、さらに追及されてしまいます。だから入団1年目の僕にとって、原監督は「非常に怖い存在」でしかなかったんです。

橋上　でも原さんの立場に立って考えれば、**伝統球団の看板を背負う重圧**というものが、間違いなくあったはずだ。勝利に対するすさまじい執念を、ルーキーのときから叩き込まれたというのは、慎之助にとって大きな収穫になったんじゃないかな。

阿部　その通りです。19年間、僕はリーグ優勝と日本一だけを追いかけてきました。1年目から原さんをはじめとする多くの指導者のかたから、心身ともに徹底的に鍛えられてきたからこそ、そうした思考が身についたんだと思います。

コロナ禍の異例シーズンで巨人が好調な理由

阿部　原監督とはこんなこともあったんです。２００９年のことですが、神宮球場での試合後、僕はいつも受けていたマッサージをせずに、すぐに球場をあとにしたんです。そうしたら翌日、ギックリ腰になってしまい、トレーナーから報告を聞いた原監督に呼ばれて、

「昨日はどんな時間を過ごしたんだ？　マッサージもせずにすぐに帰っただろう？　それで翌日、ギックリ腰になってしまうなんて、オレには納得できん！」

とキツく叱られました。試合が早く終わろうが、遅かろうが、いつもと同じルーティン

をこなしたうえで起こったケガなら、監督は何も言わなかったのですが、このときの僕は違った。ケアレスミスが招いたケガであることを原監督は問題視したのです。

橋上　それは慎之助が悪い。**主力選手としての自覚が足りない**と言われても仕方ないな。

阿部　今思えばたいへん恥ずかしいことですが、当時の僕には「準備」という部分が欠けていました。それ以来、「今の自分にとって何が必要なのか」を常に考えながら、行動するように改めました。

橋上　スタメン表を書くとき、いつもならスラスラと「キャッチャー・阿部」の名前を書くところを、不注意からのケガで書けなくなったとしたら、監督としては非常につらいぞ。

阿部　今年は新型コロナウイルスが世界中で蔓延して、東京オリンピックは延期、春夏の甲子園を含めたスポーツイベントもことごとく中止になった。野球とて例外ではありませんでした。開幕が大幅に遅れたからこそ、日々のコンディションの調整はどのチームも腐心していたことでしょう。そうした状況でも巨人は首位を快走しています。こうなっているのも、**コロナ禍で練習も満足にできないなか、個々の選手が「今の自分にとって何が必要なのか」を考えながら練習、つまり準備をしてきたから**なんです。

よそのチームの選手のみなさんが自粛を余儀なくされていたとき、どういった過ごし方

をしていたのかはわかりませんが、少なくとも僕の知る限りでは、巨人では選手各自が目的意識を持って、練習環境と時間の制約が続くなか、日々の練習に取り組んでいたように思います。

橋上　たしかにジャイアンツは、セ・リーグでは頭1つどころか、2つくらい抜けている感じがする。それができているのも、正しい方向の練習を選手が自粛期間中でも継続できたからなんだろう。

阿部　たんに日々の練習をこなしていたのではなく、「もっとうまくなりたい」という探究心、向上心を持って練習していたことが、よい結果に結びついているんだと思います。

橋上　今年に限って言えば、かつて誰もが経験したことのない、異例の状況下でプロ野球が開催されている。世間の自粛要請などを見れば、プロ野球が開催できていること自体、奇跡ともいえるかもしれないけど、そうしたなかでも好調に勝ち続けたジャイアンツは、やはり強さが安定していると一目置いてしまうよ。

大江竜聖のブレイクは「自分の特徴」をつかんだから

橋上　今年、ジャイアンツには勝利の方程式に**大江竜聖**という、入団4年目のサウスポーが加わった。去年までと投げ方を大きく変えたことが、功を奏したようだね。

阿部　大江については、「このままのレベルでは一軍では通用しない」と彼自身が危機感を持って練習に取り組んで、オーバースローからサイドスローへと変えていったのです。それまでの彼は迷走気味で、毎日のようにピッチングフォームのどこかを変えながら投げていました。簡単に言えば、一昨日にブルペンで投げていたときと、今日の二軍の試合で投げていたのとではピッチングフォームが微妙に違っている。

「あれ？　大江はピッチングフォームをちょっと変えたのかな？」

とピッチングコーチに確認すると、「あ、本当ですね。変わっていますね」ということがたびたびあったんです。

橋上　**迷走しているということは、自分から「変わろう」としている証拠でもある。**結果が出ていないにもかかわらず、何も変えようとしない選手というのは、きつい言い方をす

れば何も考えていない証拠だ。とくに二軍の選手は、一軍で通用するだけの技術がないからこそ、迷走して当たり前だと思う。

阿部　昨年までの大江は、140キロを超えるストレートと、スライダーを投げる、それ以外に何か突出した武器は持っていませんでした。プロの世界ではどこにでもいるサウスポーだったんです。このままのスタイルでは生き残れないだろうと首脳陣で判断して、「『大江とはこういうタイプのピッチャーだ』というものをつくれ」と彼本人に伝えていました。

橋上　自主的に変わろうと思った選手は、危機感を持っているからこそスキルが身についたときに期待できるよな。

阿部　ネットを見れば、動画でもなんでも、技術に関する文言はいくらでも出てくるんです。プロ野球選手になるくらいですから、二軍の選手であってもその動画を見てマネすることはできます。でも、僕は選手全員に対して、**「『自分はこういう特徴を持った選手だ』と言えるだけのスキルを身につけなさい」**と口酸っぱく言い続けてきた。マネはできても、ネット上の情報だけでは技術を身につけることができないんです。

橋上　自分なりに「こうしよう、ああしよう」と思ってやっているのは間違いないんだろ

うけれど、「特徴をつかむ」というところまで至らないから、「なぜその技術を身につけようとしているのか」という答えが見つからないんだろうな。

三軍に落とすのは「自分の特徴を見つけてほしい」から

阿部 大江と同じことは、楽天に移籍した**髙田萌生**《ほうせい》にも言えました。僕は彼をあえて三軍に落としたことがあったのですが、それは「『自分はこういう特徴を持ったピッチャーだ』というものを三軍でつかんできてほしい」と考えたからこそ、あえてそういう措置をとったんです。

橋上 そういう指導の仕方は正しいと思うよ。

阿部 三軍に落としたのは、ダメだったからという意味ではないんです。僕が三軍に落とすと、一部のメディアから「地獄行きだ」という趣旨のことを書かれたりしましたが、決してそんなことはない。己を見つめ直して、自分の長所を生かせる武器を発見し、磨いてほしいからこその措置だったのです。「技術的にダメだから突き放して三軍に送る」というわけではありません。

橋上　外からの声なんて、あまり気にする必要はないよ。どれだけ騒がれたって、彼らには現場の本当の声は聞けていないわけだし、憶測で書き立てたことに左右されても徒労に終わるだけだ。

阿部　よく山登りでも**「迷ったら元の道に戻れ」**って言いますよね。このことはプロ野球選手も一緒で、技術を身につけていくうえで迷ったら、いったん元のところに戻らなければならない。そうしてもう一度、違う技術を身につけることにトライしてみるんです。ところが、**迷ったまま前に進んでしまうと、袋小路に陥ってしまって、何がなんだかわからなくなってしまう。**そうなると「あれ？　自分の特徴ってなんだったんだ？」という事態に陥ってしまうものです。

橋上　今の時代は、昔に比べて「選手を育てたい」という意識が球団内で強いから、スカウトと現場のコーチが「この選手にはこういうセールスポイントがある」という認識を共有させて指導にあたっている。だからこそ、選手の育て方については十分に気をつかっているところはある。ただ、いきなり「自分を変えなさい」と言ったところで、目標設定のできる人間は少ない。試行錯誤を繰り返しながら、自分があるべき姿に少しずつたどり着いていくのだろうけれど、それには一定の時間が必要にはなってくるものだ。

もちろん、故障につながりかねないトライをしていたら、指導者がストップをかける必要はあるけれど、変化を求める姿勢を、まずは評価してあげるべきじゃないかと思う。

阿部　自分をつくる前に、ネットでいろいろな情報を見聞きするのはいいんです。でも、「どうしてその技術を身につけたいと思っているの？」と選手本人に聞くと、答えられないことが多いんですよね。

橋上　変わることの目的を見つけられない選手は、得てしてそうなりがちだ。

阿部　大江自身、サイドスローに変えて一軍で活躍できたことで、「よし、これで行こう！」と手ごたえをつかんだはずなんです。僕から見ても「すごい位置からボールを投げているな」と感じますし、彼を攻略するまでに他球団は手こずると思うんですけどね。高田も楽天に移籍したことをきっかけに、自分の特徴をつかむことができれば、ローテーションで活躍できるようになると思いますので、今後の飛躍を期待したいですね。

松原聖弥のポテンシャルを引き出すために

橋上　今年のジャイアンツの外野手に目を向けると、**松原聖弥**という選手が頭角を現して

きた。彼の高校時代（仙台育英）はベンチ入りすることすらできずに、3年生の夏はスタンドから応援していて、育成からまったく注目されることなく這い上がってきたと聞いたけど、どんな特徴を持った選手なんだ？

阿部　バッティングにおいては、速いストレートを前に飛ばせる能力を持った選手だというのは気がついていました。でも、守備にしろ、走塁にしろ、とんでもないプレーをしでかすときがあったんですよ。もともと持っているポテンシャルは高いものがあるんだけれど、プレーが雑に感じられることがいくつもあったんです。そこさえ修正できれば、もっともっと伸びていくのではないかと見ていました。

橋上　どんなプロ野球選手でもミスはするものだけれど、**「ミスをする選手」というレッテルを首脳陣から一度でも貼られてしまうと、「大事な場面でしでかすんじゃないか」と危惧されて、起用しづらくはなるな。**

阿部　たとえば、守備においては「こういう打球が飛んできたら、こういうプレーをしよう」という状況判断ができていなかったので、「次のワンプレーをいかに予測できるか」の重要さをアドバイスするようにしていたんです。

ノーアウト二塁の場面で、松原の守っているところにフライが飛んできた。そこでダイ

レクトに捕球して、内野手に返球すればいいんだけれど、あろうことかサードに向かってノーバウンドで送球しようとして、とんでもない暴投になって、タッチアップなしで悠々と進塁を許してしまい、1アウト三塁という場面を作り出してしまった……。

これってサードにノーバウンドで送球しなければ、本来、起きなかったことですよね。1アウト二塁と三塁では、状況が大きく変わってしまいますし、相手により大きなチャンスが訪れたことになる。こんなプレーをしているようでは一軍では通用しないなと思ったんです。

橋上　「あいつはミスをする」という印象が強くなる前に、ある程度注意して改善させる必要はあるな。

阿部　あらかじめコーチから松原のことは聞いていたのですが、「あ、本当だ」「あ、またやった」「おいおい、何度目だよ!」ということが繰り返されていました。そこで一度、僕から松原本人に注意して、自分のプレーを見直させるということはしました。

橋上　それが正しいと思う。ポテンシャルの高さを生かして、やって当然のプレーが身につくようになったら、まずは一軍定着を目指して、次にはレギュラーを目指せばいい。これからの活躍に期待したいね。

杉内、村田ほかFA移籍組を含むコーチ陣

橋上　二軍のコーチにも注目してみたんだけど、そうそうたるメンバーが揃っているな。野手総合コーチに**（村田）修一**、ピッチングコーチに**杉内（俊哉）**、内野守備走塁コーチに**片岡（治大《やすゆき》）**ら、ＦＡでジャイアンツに移籍してきた連中がいる。彼らとのコミュニケーションを密にして、選手の指導にあたっていくんだろう。

阿部　もちろんです。彼らとは現役時代を共にしているし、人間的にも信頼しています。僕はキャッチャーでしたから、ピッチャーのことはわからないことばかりなので、その点は杉内ら現場を預かるコーチにお願いしたいところですね。

橋上　これだけ豪華なメンツが揃っていたら、二軍の選手も「誰に聞いたらいいのか」って迷ったりしないのか？

阿部　心配ありません。実績十分の彼らに任せるところは任せて、きちんと一線を引いて指導していくつもりですから。もし指導方針を巡って「どうしましょうか？」とたずねられる状況になったとしたら、監督、コーチの独断で決めずに話し合って決めようと思って

います。

橋上　俊哉は厳しくていい指導をしているって評判だ。二軍から彼らが教えた選手が一軍で躍動する姿を見るのは、ファンならずとも楽しみだよ。

阿部　監督という立場上、すべての選手の状況を見られないのが残念ではありますが、コーチから日々の練習内容について、逐一報告をしてもらえれば、「何か困ったことが起きたときにはコーチ1人で悩むのではなく、監督である僕と一緒に考えていこう」というスタンスでいます。

橋上　「二軍は厳しくやっていく」というのは、阿部監督の意向でもあるわけだから、コーチがそういう意識を共有しているのであれば、心配は少ないと思う。

阿部　今年、僕はファームの試合で極端なことをやってみようと思うんです。

橋上　どんなことを？

阿部　**左ピッチャーが来たら、1番から8番までズラリと左バッターを並べてみる**んです。左ピッチャーのチェンジアップが有効なのは、右バッターですよね。でも左バッターになった途端、チェンジアップはバッターの手元で落ちるボールではなく、単なる緩いボールになるので、打ちごろになってしまう。それならば左バッターを並べてどんな結果になる

のか、試してみたいんです。

橋上　まさにキャッチャーならではの考え方だな。慎之助がキャッチャーをやっていたときに、左バッターのときに左ピッチャーをリードするのは大変だったと思う。それがわかっているから、攻撃するときに逆手にとってやろうという発想だな。

阿部　杉内自身、「全盛期にもっとも打たれたのは左バッターだった」って言っていました。彼が巨人に来る前（２００２年から２０１１年までダイエー・ソフトバンクに所属）に交流戦で対戦したのですが、最大の武器であるストレートとスライダーではなく、なぜかチェンジアップを投げてきたんです。しかも2球続けて。想定していなかったボールだったので、2球とも空振りしてしまった。その2球の残像が脳裏から離れなくて、結局、最後に投げたアウトコースのストレートに手が出なくて三振してしまいました。

橋上　そうでもしないと慎之助を抑えられないと思っていたんだろうな。もしくは「この球種を使って、最悪歩かせてもいい」と割り切っていたのかもしれない。

阿部　杉内がＦＡで巨人に来たときに、「どうしてあのとき、オレの打席でチェンジアップを使ったんだ？」と聞いてみたんです。そうしたら「とにかく**持ち球をすべて使って抑えたい**って考えていたんです」って言っていました。

橋上　でも、慎之助に「あれ？」と思わせた時点で、杉内の勝ちだな。

阿部　そうですね。「こういう球種もある」ということがわかれば、相手は勝手に考えてしまうんです。**どんなにいいバッターでも、迷いだすと思い切りスイングしにくくなる。**そうなると相手バッテリーの勝つ確率が高くなるんですよね。

橋上　その経験からしても、二軍監督としては、野球の技術の基礎の部分を鍛えるのはもちろんのこと、それをどう応用して実戦で使っていくかを教えることも大切だな。

「どうして君たちは二軍にいるのか？」

橋上　ところで、指導のスタイルはどうやっていくんだ？　方針とか、誰かを目標にしていこうとか考えたことは？

阿部　誰かのマネをしようとかは考えていないですね。あくまでも**「阿部流」**の指導でいきます。

橋上　時代は平成から令和に変わったけれど、慎之助はいい意味で昭和のやり方を踏襲しそうだよな。

阿部　選手を育成していくうえで、元号は関係ないですね。僕は昭和の頃に学んだ、いい部分を指導に取り入れて、悪い部分は排除していこうと考えています。たとえば鉄拳制裁。これは今の時代に到底許されるはずがないですから、排除していきます。殴って選手がうまくなるのならそうするかもしれませんが、実際にはうまくなるどころか、萎縮してしまってコミュニケーションすらとれなくなってしまう。それではなんのための指導かわかりません。

橋上　暴力は絶対にダメだ。オレが現役の頃は、ファンがいる前でコーチが選手を殴りつけるなんてこともあったけど、今はそんなことをしたら間違いなく指導者にペナルティが下されるよ。

阿部　ただ、プロの世界を生き抜いていくうえでの厳しさを植えつけるためには、一定の厳しさは僕は必要だと思っているんです。たとえば、この問いです。

「どうして君たちは二軍にいるのか？」

その答えは明白です。一軍の戦力になるだけの実力が備わっていないから。だったら実力をつけるために、今、何をしなければいけないのか。そうやって課題を示して、徹底的に練習に取り組ませる。ピッチャーで「150キロを超えるストレートがあるのに、それ

を生かすためのコントロールがない」としたら、どんな練習をすればコントロールがよくなるのか。あるいはバッターだったら、「長打力を期待されて入団したんだけど、プロのスピードとボールをとらえる確実性が備わっていない」ということだったらどうしていくべきか。

　選手の課題はそれぞれ違うわけですから、通り一遍の指導ではなくて、各部門のコーチと相談しながら個人練習に取り組ませることが必要だと思っています。

橋上　二軍にいる選手は完成されていない分、「伸びたら面白いな」とも感じさせてくれる半面、「どうしてこんな選手を獲ったんだ?」と首をかしげたくなるような者もいる。この場合、スカウトの眼力がなかったのではなくて、**プロに入ってから指導者にいじくり回されて、元来持っていたその選手の良さというものが失われてしまった可能性が高い。**選手にとっては悲劇だね。

阿部　その通りです。だからウチでは、選手の何かを変えるときにはコーチ1人の独断で決めるのではなく、多くのコーチの了解を得てから変えていくようにしています。

橋上　それを聞いて安心したよ。選手の育成を1人のコーチの独断で決めてしまうのは非常に危険なことだからね。教えられたやり方が合わなかった場合、いったい誰が責任をと

らなくちゃいけないんだ？　ということになる。あるコーチに教えられてきたことに実直に取り組んでいたものの、そのコーチが辞めてしまい、別のコーチが就任して、それまでの教えとはまったく真逆のことを言われたら、選手は相当混乱するだろう。

阿部　プロには高校を卒業して入ってきた選手、大学を卒業して入ってきた選手、社会人や独立リーグを経て入ってきた選手がいますが、**高卒の選手と社会人の選手を一緒くたにして練習させるのは、体力差や技術の習得度などの違いからよくないんじゃないか**と思っているんです。個々の選手の完成度と現状の課題を見極めながら、的確に指導ができる指導者を目指していきたいと思います。

大学生を相手に敗北した巨人二軍

橋上　育成の選手についてはどう考えている？

阿部　育成の選手は、二軍の選手以上に足りないところだらけです。それが背番号や年俸といった待遇面の差にも表れています。根本の問題は、彼らがここから本気で這い上がろうとしているのかどうかです。仮に育成から支配下登録を勝ち取ったとしても、そこから

さらに「次は一軍で活躍できるようになる」と明確な目標が持てるかどうか。**育成選手はあとがない**わけですから、のんびりしてはいられないんです。

橋上　ジャイアンツは育成出身の選手を育てるのが、昔からうまいイメージがある。２００８年に**山口**（**鉄也・**現三軍投手コーチ）、２００９年には**松本**（**哲也・**現二軍外野守備走塁コーチ）らを育成から育てて新人王を獲らせた実績がある。

阿部　ただ、それはあくまでも過去のことですからね。僕を含めた今の二軍、三軍の首脳陣が責任を持って、戦力となる逸材を育てていかなくてはなりません。

橋上　育成の選手は球団からしてみたら「お試し」の要素が強い。**「育ってくれれば儲けもの、育たなければまた新しい選手を獲ればいい」**という発想でいるのは間違いない。

阿部　今年のキャンプでは、ドミニカ出身の**イスラエル・モタ**という外国人選手が育成から支配下登録に上がりました。育成でのはつらつぶりを見て期待していますが、まだまだ課題の多い選手です。

橋上　外国人選手で、とりわけホームランを期待されているような選手は、ツボにハマれば豪快な打球を飛ばすけど、ウィークポイントを攻められたらもろいという一面もある。

阿部　モタは（**ヘラルド・**）**パーラ**や楽天から移籍してきた（**ゼラス・**）**ウィーラー**など

に比べると、完成度ではまだまだ劣りますが、彼には日本人選手にはない体の強さ、異国からはるばる日本にやって来て**「ジャパニーズドリームを叶《かな》えたい」**というハングリー精神があります。地道に練習を積んで素質が花開くのを期待したいですね。

橋上　そう言えば、前に触れた中央大学との練習試合以前にも、今年の3月、早稲田大学と練習試合をやって負けた（6対9で敗戦）っていう報道があったな。「阿部監督激怒。罰走を指令」なんて書かれていた。

阿部　**「お前らは本当にプロか!?」**ってことですよ。巨人のユニフォームを着ているプロのピッチャーが、大学生相手に12安打9四死球も与えて9点も取られた。こんな屈辱はないでしょう。しかも、**相手は勉強しながら野球をやっている大学生、でも僕たちはお金をもらって野球をやっている職業人**ですからね。「プロ野球選手は個人事業主である」というのであれば、この試合に出場した選手全員に、この日限りでユニフォームを脱いでほしいくらいの思いでいました。

橋上　ずいぶんきつく言うな。

阿部　もちろん、謙虚に一生懸命、目の前のプレーに取り組む早稲田の学生選手の姿から、僕たちも学ぶところはありました。だからこそ問われるのは、「自分たちは謙虚に一生懸

命プレーしていたのか？」ということなんです。心のどこかで「どうせ大学生だから」となめていた部分はあったんじゃないかと思いますね。1時間の罰走をすることで、謙虚に取り組む気持ちを持ってもらいたかったということなんですけれど。

橋上　しかし5本、10本罰走させたくらいでスポーツ紙やネットの記事に取り上げられて論争が起こっちゃうんだから、慎之助の存在はニュースバリューがあるということなんだろう。これがよその球団だったら、そんな見方でスポーツ紙やネットの記事で取り上げられるなんてことはあり得ないよ。

自主トレ期間に選手と接触不可はおかしい

橋上　その罰走について、「選手がかわいそう」などの書き込みがネット上に出ているけれど、そうしたことも含めて、**今の若い選手は周囲から守られている**気がする。新人の自主トレの開始時点から「球団から守られている」とオレは思うことがある。昔に比べて、自主トレ期間中の練習は変わったよ。ハードに取り組むというよりも、キャンプに向けて体を動かしながら調整しているような感じが多いんじゃないか。慎之助が入団したときは、

自主トレ期間中からどの程度練習していたんだ？　ドラ1で期待されていたわけだから、プレッシャーなんかも半端なくあったかもしれないけれど。

阿部　周囲からの期待はヒシヒシと伝わってきました。「キャンプ早々、いきなりケガなんかしたら、獲ってくれた人に迷惑がかかる」と思って、いつもスカウトの方の顔が浮かんでくるくらいプレッシャーもありましたね。それに「プロってどんな練習をするんだろう？」と気になって仕方がなかったところもあったので、巨人入団直後、大学時代に日本代表でお世話になっていた上原さんや二岡さんに聞いてみたんです。そうしたら「プロはきついから、オフの間はしっかり練習やっとけよ」とアドバイスをもらったので、自分を追い込んで黙々と鍛えていました。

橋上　昔はそうだよな。今は**「選手を壊しちゃいけない」**という発想から、自主トレ期間中に厳しく鍛えるようなことはしなくなった。オレの時代は、1月15日から自主トレが始まって、成人式に出席できなかった思い出がある（当時の「成人の日」は1月15日）。

阿部　それに若い選手は、オフの過ごし方もあまりわかっていません。だから、どんな練習をしたらいいのかもわからない選手がほとんどなんです。**「自主トレの期間は、指導者は選手と接触してはいけない」**というルールがありますが、僕はあえて異を唱えたい。自

主トレ期間中、僕が若いピッチャーとキャッチボールしただけで、「それはルール違反だ」と言われてしまう。これっておかしくないですか？

橋上　**「野球協約」**には、12月1日から翌年1月31日までは「ポストシーズン」と決まっていて、この期間は球団、選手ともに「いかなる試合、合同練習、野球指導も行うことはできない」と定められている。自主トレはあくまでも選手の意思によるトレーニングという意義づけなんだけれど、若い選手からしたらキャンプが始まる前に指導者にアドバイスしてもらいたいという思いもあるだろうしな。キャンプ前の指導を希望する選手は、ジャイアンツ球場に来て、指導を仰ぐのはＯＫにしてもらったほうがいいかもしれないな。

阿部　たとえば、故障明けのピッチャーだと、指導者に「自分のボールを見てほしい」と希望したっておかしな話ではないんです。「大丈夫だろうか？」という不安のほうが先走るから、フォームも含めて見てもらったほうが客観的な意見も聞けます。それだけでも安心材料になりますからね。

橋上　現状の決まりでは、**グラウンドレベルで指導者と選手が「会話する」だけでもＮＧ**なんだからな。

阿部　選手会で決めたことなので、仕方のない部分もあるのですが、たくさん稼いでいる

選手はどこかに行って自主トレしていますからね。まだあまり稼げていない、若い選手に対しては、もっと寛容であっていいと思います。このあたりは今後の問題提起として挙げておきたいですね。

「6億円の給与明細を写メで送ってくれ」

橋上　自主トレということで言えば、慎之助が行っていた自主トレはすごかったな。2013年1月に行われた**グアムでの自主トレ**はオレも見学させてもらったけど、自主トレとは思えないくらい、ハードなメニューだった。グアムでの自主トレはいつ頃からやっていたんだ？

阿部　入団2年目からです。当時現役だった元木さんに誘われていきました。昼間の練習はみっちりやっていましたね。「キャンプ前にプロはここまでやらなければいけないのか」ということを学ばせてもらいました。

　入団3年目からは、グアムの自主トレに、**林（昌範）**や**木佐貫（洋・現巨人二軍投手コーチ）**ら若いピッチャーを連れていきました。元木さんたちもグアムでの自主トレは継続

されていたのですが、「若いピッチャーと一緒に鍛えてからキャンプに入ります」と直接お断りをして、同じグアム内の別のグラウンドで、彼らと一緒に練習をしていたんです。ピッチャー陣は走るトレーニングがメインでしたけど、僕も彼らに必死についていって、汗を流していました。

橋上　そうした気概は大切だよ。自主トレでかかる費用とかはどうしていたの？

阿部　若い選手たちのフトコロを痛めないように、航空チケット代やホテルでの宿泊費、食費、帯同していただいたトレーニングコーチやコックさんの人件費など、自主トレでかかる費用は**すべて僕が支払っていました。**金額にして６００万円くらいはしていたんじゃないでしょうか。

橋上　慎之助たちがやっている自主トレを見て、「これがプロの自主トレなんだな」って改めて思ったよ。かけるべきところにお金をかけて、みんな妥協することなく汗を流していた。

阿部　トレーニングメニューはみんなで話し合って決めて、あとはメニューに沿って朝から夕方までビッチリ練習します。単調なトレーニングばかりだと飽きてしまうので、競争意識を高めるようなメニューを組んだりもしました。夜は夜で、栄養を考えたメニューの

食事をしながら、みんなで野球談議をしていました。

橋上　オレも現役のときは自主トレをしていたけれど、練習メニューといい、宿泊先といい、学生時代の延長のような雰囲気だった。慎之助のように、「すべてを自己管理しながら徹底的に行う」のとは真逆だったな。坂本や長野、大田泰示、**矢野謙次**（現日本ハム外野守備コーチ兼打撃コーチ補佐）、ピッチャー陣は**内海哲也**（現西武）、山口鉄也ら、一軍でバリバリ活躍している、そうそうたるメンバーが参加していた時期もあった。

阿部　一応、**「年俸1億円稼ぐようになったら卒業する」**というルールは決めていたんですよ。でも、実際には年俸が1億円超えていたチョーさんや勇人たちも参加していたんですけどね（笑）。僕は基本、「来る者は拒まず」というスタンスです。ただし、参加するとなったら厳しい練習メニューを課しています。自主トレとはいえ、妥協しながらトレーニングしていては、なんのためにお金をかけてグアムまで来てトレーニングしているかわからないですし、みんなで集まってやる必要もありませんから。

橋上　その考え方が偉いよ。プロ野球選手のなかには、昼間の自主トレはそこそこに、夜はネオン街に繰り出して酒ばかり飲んでいる者も一部にはいるからな（笑）。当時、球界でトップの年俸をもらっていた慎之助とはいえ（２０１４年シーズンは6億円）、大した

もんだよ。

阿部　年俸の話で言えば、**本当は球団から6億3000万円を提示していただいたんです。**でも松井さんがいた当時（2002年）、6億1000万円をもらっていた。松井さんの背中を見て育っていった僕にしてみれば、さすがに**松井さんの年俸を超える金額はいただけないな**と思って、3000万円削ってもらったんです。

橋上　それはなかなか自分から言わないことだよな。そういえば、あの当時の慎之助はオレに「2012年シーズンに活躍したお礼をしたいので、何かプレゼントを贈ります」と言ってくれたよな。オレは「そんなことに気を使わなくていいよ。**6億円の給与明細**でも写メで送ってくれ」と冗談めかして言ったんだ。6億円を12カ月で割れば月5000万円になるんだけど、純粋にそれほどの給与明細ってものを見てみたかったところもあったんだけどね。慎之助は実際に写メを送ってくれて、そこにはやはり「5000万円」っていう8ケタの数字が明記してあった。それを見て「こんな金額の給与明細ってあるもんなんだな」って驚いたものだよ（笑）。

一茂に向けた長嶋監督の非情な選手起用

橋上　話は少しそれるかもしれないけれど、今の時代、表立って本音を言えないことが多いと思うんだ。野球界もそのあたりは例外ではないんじゃないか。

阿部　そうですね。みんな、叩かれるのを嫌がりますから。

橋上　球団もコーチの人選をするときなどに、**「うるさ型でない、波風を立てない無難な人」**を選択するケースが多い気がする。

阿部　「選手から嫌われてしまうかもしれない」「選手から嫌われないように指導しよう」などと考えたら、建前ばかりで本音を言えなくなってしまいます。感情的になってモノを言うのはよくないですが、「今のままだと、2～3年後はこの世界にいられないぞ」と選手に危機感を持たせて練習や試合に取り組ませるほうが、そのときの言い方はきついかもしれないけれど、結果的に選手のためになるんじゃないかと思うんです。

橋上　それはあるね。楽天時代に野村さんがよく言っていたけれど、**「人の悪口を言える人ほど信用できる」**っていうんだ。「オレはアイツが嫌い」とハッキリ言えるってことは、

そこにはしっかりとした本音の部分がある。つまり、本音を見せない人は信用できないって言っていたんだ。そう考えると、野村さんはすごいと思う。自分の息子（**野村克則**・現楽天作戦コーチ）を起用することに対して、「えこひいきじゃないですか」と球団関係者から言われたときに、**「えこひいきの何が悪いんだ」**って悪びれる様子もなく言い切っていたもんな（笑）。

阿部　僕には野村さんの気持ちがわかりますね。僕も息子が同じチームで選手をやっていたら、試合で使っちゃいますよ。

橋上　本音はそうだよ。でも「周囲の人から何を言われるかわからない」と気にし始めたら、息子を起用することはできない。長嶋さんはその点を考えて息子の**一茂**（元巨人ほか）を起用していたと思うけれど、それとは逆に、平然と息子を起用していた野村さんは、単純にすごいと思う。

阿部　長嶋さんは一茂さんに、「他の選手と実力が同じなら、オレは他の選手を使う」と言って、実際そうされましたよね。その非情さも僕はわからなくはないです。

橋上　でも、一茂は本当に練習しなかったな。彼とオレは同学年で、一茂がヤクルトに入団してからは、キャンプではよく同部屋になったんだけれど、西都《さいと》での秋季キャンプのと

き、**一茂は夜になるとタクシーを飛ばして宮崎市内まで遊びに行っていたよ。**明け方に帰ってくるんだけど、畳の部屋で寝ているオレの布団をふんづけていくんだ（笑）。

阿部　でも実力はあったでしょう。飛ばす力はものすごかったって聞いたことがありました。

橋上　たしかにすごかった。一茂の1年目のとき、アメリカ・ユマの春季キャンプで、オレも含めた選手全員が、「長嶋さんの息子さんって、本当に実力があるのか？」って、興味津々で一茂のフリーバッティングを見ていたんだけれども、ボールをとらえたときの飛距離がものすごかった。ポンポンポンポン、軽々とサク越えを連発している姿を見て、「単なる親の七光じゃないんだな」って、みんなが認めていたよ。

　たしかに努力を重ねて結果を出していたら、違った未来になっていた可能性が高い。人間的に裏表がなくて、人から好かれる性格だっただけに、もっともっと人気も出ていたかもしれないな。

「93年組」は5年後も生き残れるか

橋上　今、ジャイアンツにはイキのいい若い選手が多くいる一方、もうひとつ、突き抜けられない選手もいる。「もう少し突出できたらレギュラーになれるのに」という選手を見ていると、期待半分、もったいないなと思う気持ち半分といったところだね。

阿部　とくに「93年組」と言われている選手たちには、「お前ら、今のままで本当にいいのか？」って聞きたくなります。

橋上　誰か1人でもいいから、突き抜けてほしいよな。

阿部　元木さんが彼らに対して苦言を呈しているのは、その点なんですよ。「同級生で仲良しこよしでやっていても、結果を出さなければクビを切られるんだぞ」って。今のままじゃ5年後、10年後は生き残れないと伝えることが、彼らに対する辛らつだけど必要なメッセージにつながるんです。

橋上　たとえば、同じポジションを争っているなら、現役中はギスギスしていてもおかしくないんだけど、今の若い選手たちには不思議とそういうところがない。

阿部　小・中学校で受けてきた教育が、「運動会ではみんな一緒にゴールしましょう」というものだったといいますけど、僕は「それはちょっと違うだろう」って思いますけどね。

橋上　たしかに、すべてを平等にしたところで世の中はうまく回るわけではないし、優劣の差は出て当然なところもある。もっと自分を追い込んで、ライバルを蹴落とすくらいの気概があってほしいと願うものだけれど……。今の若い選手には難しいのかな？

阿部　そうあってほしいんですけどね。指導者に頼るところは頼って、技術の向上に取り組んでほしいというのが本音です。

橋上　慎之助は若い選手からアドバイスを求められたら、きちんと話すようにしている？

阿部　もちろん、わかる範囲で答えています。僕が若手を指導するときに心がけているのは、**知ったかぶりをしないこと**。これだけは気をつけようと思っています。

橋上　それは大事なことだ。たとえ指導者であっても、知らないことは知らないと言うべきなんだ。それを認めることはなかなか勇気がいることだと思う。

阿部　「オレはわからないから、お前たちで考えて答えを見つけなさい」という昔気質のやり方は、今の若い選手たちには合わないと思いますし、「なんだあの人は」とそっぽを向かれてしまうかもしれない。それよりも**「わからないことがあったらオレも一緒になっ**

て考えるから」と伝えたほうが彼らの心にも響くんじゃないかと思いますね。

「オレもいろんな経験をしてきた。だからまずは遠慮なくいろんなことを聞いてほしい。それでもわからないことだって出てくるかもしれない。そのときは時間をかけてでも、問題を一緒に解決していこう」

と、昨秋のキャンプの初日に二、三軍の選手全員に伝えたんです。１００点満点にはならないかもしれませんが、１００点に限りなく近づけるための努力は必要だと思うのです。

ネットで拾った情報を鵜呑みにする選手たち

橋上　昔に比べて、今は野球に関する情報がインターネット上で膨大に拾えるようになった。でも、その情報が当人にとって正しくない、あるいは一番遠い情報だということもある。「どの情報を選ぶか」という能力はますます必要になるんだろうね。

阿部　そうですね。たしかに「ＹｏｕＴｕｂｅではこう指導している人がいました」と言ってくる若い選手も一部にはいます。ＹｏｕＴｕｂｅに限らず、ネットで検索すれば、野球の技術に関する情報はかなりの数が出てきます。でも、その情報だけを鵜呑みにしてほ

しくはないんです。YouTubeでアドバイスしている人の技術が自分に合うか合わないかという問題もあります。**ネットで拾った情報を信じるのもいいけれど、その技術が合わなかったらあなたはどうするの？**　ということですよ。そうしたときにこそ、経験のある僕たちを頼って、遠慮なくドシドシ聞いてほしいと思っているんです。

橋上　オレが選手の立場ならば、バッティングの技術は慎之助や修一に聞いたほうがタメになると考えるけどな。YouTubeで技術論の話をしている人だって、慎之助や修一からバッティング技術の話を直接聞けるとなれば、喜んで舞い上がっちゃうよ（笑）。

　たとえば、バッティング技術の向上のために、ウエイトトレーニングなどに取り組んだりはしていたのか？

阿部　いえ、プロに入ってからウエイトはやったことないです。ウエイトをやったのは高校のときだけですね。

橋上　そうか、やっていなかったのか。

阿部　修一もそうですよ。プロに入ってからウエイトはやっていないと言っていました。

橋上　たしかに、修一がウエイトトレーニングルームに駆け込むなんて姿は、一度も見たことなかったな。

阿部　**スイングスピードやスイングしたときの力強さって、ウエイトトレーニングでは力バーできない**と思うんです。その分、バットをひたすら振っていましたね。

橋上　西武にいたときに見ていた選手たちにしても、中村や山川もウエイトトレーニングは一切やっていなかったな。**山川はあれだけの巨体（103キロ）でありながら、逆立ちしてダイヤモンドを一周することができる**んだ。山川の肉体はものすごいしなやかさがあるんだよ。

阿部　そういうことなども若い選手たちに伝えていきたいですね。バッティングの技術は、人によってアドバイスするポイントが違ってきます。ある選手にはよくても、ある選手にはまったく当てはまらないなんてことは、ザラにありますから。

橋上　たしかにバッティングは、個々の選手が持つ体つきや筋肉の柔らかさのほか、スイングスピード、体の使い方などで、10人いれば10通りの打ち方がある。それを無視してひとくくりに「こうすれば長打が打てるようになる」というのは無責任な話だよ。

甲子園の栄光を引きずったままプロに来るな

阿部　巨人でも以前、こんなことがありました。それまでは相手ピッチャーの対策を話し合った際、「左バッターはこのボールを狙っていけ」とアドバイスされました。でも僕と**松本哲也**が同じ攻めを食らうわけがないじゃないですか。左バッターを一緒くたにしてのミーティングにはどうも違和感があったんです。

橋上　慎之助の場合、下手をすると一発打たれる可能性が高いから、ストライクとボール、あるいは緩急を使い分けながら攻めることが考えられるが、松本の場合は一発を打たれる危険性は限りなく低いから、ストレートのストライク勝負になることが十分考えられる。

阿部　フルスイングして長打の打てるバッターと、ちょこんと当ててシングルヒット狙いでいくバッターを同列に扱うのは、おかしいですよ。

橋上　オレもそう思う。慎之助を由伸や**亀井（善行）**、当時で言えば、ガッツ（小笠原道大）あたりと同列で考えるのなら、まだわからなくはないんだけれど、松本と比べるとなると、かなり違ってくる。チャンスの場面になれば慎之助は歩かされる可能性が高いけど、

松本には真っ向勝負してくる可能性が限りなく高い。

阿部　バッターにはいろいろな特徴を持つタイプがいます。パワーのあるバッター、非力なバッター、インコースが得意なバッター、アウトコースが得意なバッター、小技のうまいバッター、確実性の高いバッター……ざっと挙げただけでも、これだけのタイプがいます。指導者も右バッターというくくりだけで同列に考えて指導するのではなく、「この選手はどのタイプのバッターなのか」ということを念頭に置きながら、アドバイスを送るのがベストだと思いますね。

橋上　これまで話したことを振り返って考えていくと、今の若い選手には「もっともっとストイックに練習してほしい」と思っているんじゃないか？

阿部　そうですね。まだまだ物足りなく思えます。**「今よりもっと突き抜けられるんじゃないか」**と思いますし、**「過去の栄光などはキッパリ忘れなさい」**ということも、選手によっては伝えることがあります。

橋上　つまり、過去の栄光が足かせになっているってことか？

阿部　そうなんです。たとえば、甲子園で活躍した選手がプロの世界に入ってくる。高校時代の思い出を引きずっている選手って、プロのなかにも結構いるんですよ。そうした選

手には、僕はハッキリこう言います。

「甲子園は高校までの話。今いる場所は『プロ野球』という、一段も二段もレベルが上のステージなんだ。ここで自分には何ができるのか、どんな技術を磨いていけばいいのかを考えなさい」

プロに入ってしまえば過去の栄光は「単なる思い出にすぎない」んです。そのことは絶対に噛みしめておいてほしいんです。

橋上　たしかに、高校野球とプロ野球のレベルは同列に語れないし、甲子園の思い出を語るのならば、母校の仲間と集まったときにすればいい。

阿部　大学時代にもこんなことがありました。後輩で春夏の甲子園に出場経験があり、夏は準優勝していた者が入ってきたんです。本人も野球部に入部してきた時点で、そのことをたびたび話していたんです。僕は彼にハッキリこう言いました。

「ここでは高校時代の過去の華やかな栄光は関係ないんだ。レギュラーになるには、甲子園に出ていようがいまいが、そんなことは関係ない。オレは高校時代、甲子園に行っていないけれど、大学1年からJAPANのユニフォームを着させてもらっている。たしかに甲子園で準優勝したことは素晴らしいことだ。でも『準優勝したけど、最後は悔しい思い

をした』と思えるのか、『準優勝してよかったね』と褒めたたえられるのがいいのか。どちらの気持ちを持つかで、その後の野球人生は大きく変わってくるんだぞ」

橋上　これは説得力ある言葉だな。高校で活躍できていたからといって、大学でも同じように活躍できるとは限らないし、慎之助の言葉を聞いた彼がどう受け止めるかで、その後の野球人生は変わってくるだろう。

阿部　残念ながら、彼はピンときていなかったんです。「高校時代、甲子園で準優勝したピッチャー」という看板を掲げたままでした。

山瀬慎之助の将来に期待したい

橋上　慎之助はキャッチャー出身ということもあって、次世代のジャイアンツの正捕手づくりにも期待がかかっている。一押しのキャッチャーを挙げるとしたら、ズバリ誰だ？

阿部　将来的に期待したいのは、昨年のドラフト5位で入団した**山瀬（慎之助）**君（星稜高校）ですね。今年の春季キャンプでは、S班というくくりで、亀井や勇人、**丸（佳浩）**らとともに銀ちゃん（**炭谷銀仁朗**）もいたので、彼の指導の一部を、銀ちゃんにお願いし

ておいたんですよ。

橋上　たしかにこれまでのキャリアから、炭谷に指導してもらえるのは、彼にとってもプラスになるだろうね。慎之助は山瀬君のどこを評価している？

阿部　やはり強肩であることですね。高校時代は**奥川**（**恭伸**・2019年ドラフト1位でヤクルトに入団）君のボールを捕っていたこともあって、キャッチングもしっかりしています。育成のピッチャーのボールでは彼は物足りないんじゃないかと思いますよ。

橋上　**小林**（**誠司**）はどうなんだ？

阿部　まだまだ課題は多いですよ。

橋上　慎之助は昔から小林には厳しいからな。小林とは付きっきりでアドバイスをしていたことはなかったっけ？

阿部　自主トレを含めて「キャッチャーとは……」といろいろとアドバイスしてあげたんです。たとえば「調子のいいバッターほど、迷わせるような配球をしなさい」とか。前にお話しした1球ごとに野手に守備位置の指示を与えるような、そうした何気ないしぐさを試合中にやってみるのも面白い……なども話したんですが、その後、まだ使いこなせていないんじゃないかなと。

橋上　たしかに、**型通りのことしかしない**のかもしれないな。

阿部　1打席目、2打席目は焦らすことに耐えることができても、3打席目になると我慢できないものなんですよ。そこでアウトコースに変化球を投げれば、強振してくる可能性が高いので、結果、凡打に打ち取れる確率も高くなる。打者心理を巧みに操るというのは、そういうことだと思うんです。たとえば、カモにされているようなバッターは、最悪、フォアボールで歩かせてもいい。ソトの次を打つバッターを抑えることに注力していったほうがいいんです。

橋上　**「抑える」のではなく、「ある程度打たれるかもしれない」**と考えて配球するほうが、結果的に抑えられるのかもしれないな。

デッドボール対策には「この一言」が効く

橋上　打撃を抑えられないのなら、フォアボールは立派な作戦だ。慎之助の場合、フォアボールだけじゃなく、デッドボールをかなり食らっているけれど、さすがにぶつけて打撃を抑えるのはどうなんだろうと思うな。

阿部　調子のいいバッターを抑えるには、それだけ知恵を絞らなくてはいけないんですよ。でも僕もぶつけられっぱなしで終わるわけにはいかない。バッターとしてぶつけられたあと、キャッチャーとして守備に入ったとき、先頭のバッターの後ろでこうつぶやいてみたんですよ。

「どうしようかなあ……。別に誰にいってもいいのかなあ……」

そう言ってみたところ、そのバッターが凡退して相手ベンチに戻ると、選手がザワついているのがわかるんです（笑）。おかげでその言葉を口にしたあとの打席では、僕が狙われるようなことはなかったですね。

橋上　昔は相手のクリーンナップが当てられたときには、味方のクリーンナップは打席に入るのを嫌がっていたからな。**「報復を受けるのはオレたちなんだから、当てにいってるんじゃねえよ！」**とよく言っていたものだよ。

阿部　僕が受けたデッドボールの数（１５２個）は勲章のようなものですね。左バッターでは歴代1位の数ですから。

橋上　その点でいけば、西武の森友哉は昨年、首位打者のタイトルとMVPを獲ったけれど、デッドボールの数を見たら2個だけだからな。

阿部　たった2個ですからね！　あまりインコースを狙われないんだなあとか、うらやましく思ってしまいますね。

橋上　パ・リーグのピッチャーは、パワー系のタイプが多い。彼らはアウトコース主体のピッチングでバッターと勝負してインコースに投げることを嫌がるからな。

阿部　森君はパワー系のピッチャーを苦にもしていないようですし、何よりも配球を読んで打つようなタイプには見えないですね。来た球を天性の資質で素直に打ち返しているような気がします。

橋上　その通り。基本、ストレートを待っていて、反応で打つタイプだね。

阿部　バッティングはもちろんですけれど、キャッチャーとしてもまだまだ伸びしろがありそうですね。

橋上　オレが西武にいた時代、炭谷と正捕手の座を争っていたときに、森に「本当にキャッチャーをやりたいのか？」と聞いたことがあるんだ。そうしたら彼は「はい！」と答えて続けざまに、

「僕は阿部さんのような『打てるキャッチャー』として、2020年の東京オリンピックに出場するのが夢なんです」

と言っていたのを思い出すよ。残念ながら、今年の東京オリンピックは、新型コロナウイルスの影響で1年延期になってしまったけれど。

阿部　昨年オフの授賞式のとき、森君とはいろいろと話しましたよ。目を輝かせながら、「はい、はい」とうなずきながら、僕の話を聞いてくれました。

橋上　慎之助も人見知りだけど、森も相当な人見知りだからな。2人揃って話すなんてそうそうないことだから、森としても貴重な時間になったと思うよ。

主要都市で勝ち抜いた経験のある選手を獲りたい

橋上　これからジャイアンツに入ってきてほしい若い選手のイメージで言えば、具体的に何か要望しておきたいことはある?

阿部　「今年のドラフトなら○○」というような、具体的な名前まではわかりません。でも、あえて言わせていただけるのであれば、**主要都市で野球をしていて勝ち抜いた経験を持った選手**がいいなと思います。地方出身の選手は資質が高いのは間違いありませんが、肝心なメンタルの面は大都市でもまれた選手のほうが強いように思えるんです。

橋上　たしかに地方出身の子だと、ジャイアンツに入団できたというだけで満足しちゃっているような選手もいるかもしれない。

阿部　とくに高校生を獲得する場合は、たとえば**東京、神奈川、愛知、大阪、兵庫、広島、福岡といった都市部エリアで野球をやっている選手**を獲るべきだと思うんです。ウチの勇人だって高校は青森（光星学院・現八戸学院光星）ですが、もともとの出身は兵庫ですしね。しかも、中学に入るまではあのマー君（田中将大）とバッテリーを組んでいた。巨人はこういう選手をもっと獲るべきだと思います。

橋上　坂本は立派に育ったよな。今や誰もが認める「巨人の顔」だ。

阿部　ところが地方出身の選手だと、なかなかこうはならないんです。地元の人たちが善意で盛大に激励会を開催してくれて、「東京で一旗揚げてこいよ」と言ってもらえるのはうれしいことでしょう。けれども、それで有頂天になってしまって、いざプロの世界に入ってみたら、あまりのレベルの高さに驚いて、ついていくことすらできず、数年後にひっそりとユニフォームを脱いでいく……こうした選手を、僕は19年の現役生活のなかでたくさん見てきたんです。

橋上　たしかに大学生なども、関東で野球をやっている選手のほうが、地方よりもレベル

が高いから、そっちを選んで獲得しなさいという声が、一部のスカウトの間でもあると聞いたことがあるな。

阿部　僕の経験でいけば、やはり**東都（東都大学野球）出身の選手が一番いい**ですよ。東都には入れ替え戦があります。春に1部で優勝しても、秋に最下位になれば、2部の1位との入れ替え戦に回らなくてはいけない。そこで万が一、2つ負けてしまったら、2部に落ちてしまいます。反対に2部のチームは1部への昇格がかかっていますから、それはハングリーになりますよ。

橋上　東都は**「戦国東都」**と言われるくらい、熾烈な戦いになることが多い。それもこれも、入れ替え戦があることで、精神的にハングリーになることは間違いないね。

阿部　それと、能力は高いんだけど、それを最大限生かし切れていない選手には、性格的な面が影響しているんじゃないかって思える者が多いと思うんです。

橋上　伸び悩んでいる選手はたしかにいるな。

阿部　彼らはもっとガツガツやるべきなんですが、いつも淡々としている。それが生まれ持った性格によるところだというのなら、仕方ない一面もありますけれど、潜在能力はかなり高いと思っているだけに、今のままじゃ物足りないですよね。

橋上　慎之助が二軍監督として、「必要としている選手、必要としていない選手」の見極めってどのあたりになるんだ?

阿部　**「一軍を目指そうとしていない選手」は、正直いらないです。**そういう選手って意外と多いのかもしれませんね。一軍の経験はあっても「二軍でやっていれば、そのうち呼ばれるだろう」という感覚で練習をしているように見える。もちろん彼らは彼らなりに「一生懸命やっています」と言うでしょう。

でも傍から見ていると、一生懸命やっているようには思えない。もともと実力はあるのに、なんでもっとがむしゃらに一軍を目指そうとしないのか……。

実のあるミーティングは長時間の必要はない

橋上　そう言えば慎之助は、試合前、試合後のミーティングには時間をかけていこうと思っているのかな?

阿部　**1時間、2時間と長時間かけてというようなミーティングをするつもりはないです。**その代わり、たとえ15分、20分であっても意味のある、有意義なミーティングをしていき

たいと考えています。昔、一軍でこんなことがあったんです。バッテリーのミーティングで、相手チームの下位を打つバッターの対策を話し合うことがあったのですが、
「そんなバッターに、ミーティングを必死にやらなくてもいいですから」
と言っていました。**「それよりも今、絶好調なバッターをどうやったら打ち取れるか、そっちに時間をかけましょうよ」**と率先して言うようにしていました。相手バッターが絶好調かどうかなんて、スポーツ紙やネットのニュースを見ればわかりますからね。

ただ、数字だけで物事を判断するのは危険です。4打数3安打でも、ポテンヒットでの3安打ということもあり得ますし、4打数無安打でも芯でとらえた当たりが、たまたま野手の正面を突いてアウトになったということもある。そこが野球の面白いところでもあるんですけれど、こうしたデータを基に対策を立てるほうが、キャッチャーとしては精神的にラクになるんです。

橋上　たしかに**「見えないデータ」ほど、実は一番知りたいこと**なんだよね。それを知ることで、ウィークポイントだって見えてくる。

阿部　ピッチャーだって、ウィークポイントがわかれば、あとは「そこに投げ切ることができるかどうか」だけを考えればいいんですから、不必要に怖がることもないんです。

「困ったらここに投げればいい」と思って投げるのと、「大丈夫かな？　どうだろうな？」と不安を抱えたまま投げるのとでは、間違いなく結果は違ってきます。後者の場合だと、ほぼ100％打たれると言っていいですね。

橋上　ジャイアンツのスコアラーの方たちは、真面目で誠実な人が多いんだけれど、それだけに**「ここに投げたら打たれない」と断言することもできない**のかもしれない。ただ、あれもこれもと言いすぎると、今度は選手が迷いだすこともある。

阿部　そうしないためにも、僕は「困ったときにはどこを攻めればいいんですか？」って聞くようにしていました。インハイで起こして、アウトローに落とす――。こんなことは常道すぎて、対策でもなんでもないんです。しかもアウトローに落とすときに、間違ってど真ん中に投げてしまって、ドカンとスタンドに持っていかれてしまうこともある。

そうではなくて、困ったときにはどこに投げればいいのか？　インコースなのか、アウトコースなのか、高めなのか、低めなのか、ストレートなのか、変化球なのか、変化球だとしたら落とすのか、横に曲げるのか……どれか1つでもわかれば、相手バッターを抑える対策として有効になるんです。

橋上　スコアラーがいろいろな情報を持っているのは間違いないのだけれど、その情報が

たくさんあるゆえに、一番必要な「どこがウィークポイントなのか」という結論を出していないこともある。「で、結局何が言いたいんだ?」となってしまうと、**データとは言えずに単なる「資料」**にしかならない。現場の首脳陣や選手が欲しいのは、「ここまで調べましたという情報」ではなくて「ピンポイントで役立つ情報」だ。それでなくては活用できるデータになり得ないんだ。

横綱相撲としての巨人の勝ち方・負け方

橋上　最後に聞いてみたいのは、慎之助が目指す野球についてだ。これはオレだけじゃなくてジャイアンツファンも全員、聞いてみたいことだと思う。

阿部　僕は**王道の野球**をやっていきます。王道ということで言うと、現役時代、僕はバスターをやったことがありませんでした。ただ、今後は采配を振る立場上、バスターのサインを出すこともあるかもしれない。どのタイミングで出すべきか迷うこともあると思いますが、試行錯誤しながら学んでいきたいですね。

橋上　采配を振ってみたら見えてくることだと思うけど、今のジャイアンツには阿部慎之

助のような器用なバッターはそうはいない。それは試合をやってみて思い知ることになるとは思うけど、数多くの失敗もすることになるだろうな。

阿部　それでもいいんです。失敗を糧《かて》にして、二軍の選手たちとグラウンドで一緒に汗を流しながら、僕なりの王道の野球をつくり上げていきたいと思います。

橋上　オレがジャイアンツに来た2011年の秋、原監督に「原監督の野球観を知りたいので、ぜひ目指す野球というものを教えていただけませんか?」と聞いたとき、「それはないよ」とアッサリ返されてしまったんだ。でも、原監督の野球を間近で見てきてわかったことが2つある。1つは**「勝利に対してこだわること」**、もう1つは**「横綱相撲をとること」**だ。

つまり、寄り切りや押し出しという決まり手で勝ちにいこうとする。オレ自身、それまでは楽天時代にやってきたようなけたぐりやいなしのような技を提案すると、「橋上、ここはジャイアンツだから」って当時は否定されていた。でも、よくよく考えてみれば、ジャイアンツは横綱相撲なんだから、けたぐりやいなしはある意味、邪道と考えてもおかしくないんだ。

阿部　そう言えば、橋上さんは昔、ミーティングでこんなことを話していましたね。

「巨人くらい戦力が整っていたならば、あまり奇襲はいらないと思います。もし奇襲を用いるなら、チームバランスが崩れていたり、選手のモチベーションが下がったりしているときに使うくらいではないでしょうか。相手チームは横綱が相手だから奇襲を使うこともあるかもしれませんが、相手のペースで試合をしないようにすること。これを心がけるべきです。四つ相撲で寄り切ることを考えていきましょう」

これこそまさに巨人の野球なんです。でも、選手も長丁場のペナントレースに入って連敗が続くと、自分たちが目指すべき野球というものを見失ってしまうときがあります。そんなときに橋上さんの言葉を聞いて、「よし、もう一度原点に立ち返って戦っていこう」という気になれたんです。

橋上　ジャイアンツファンって、勝つことが一番うれしいとは思うけれど、**勝ち方もよく見ている**んだ。オレも学生時代はジャイアンツファンだったからこそ、ぜひ王道で勝ってもらいたいというのはあるね。

阿部　同時に、**負け方も重要**なんですよね。

橋上　ジャイアンツのコーチ時代、20点以上の失点をして3連敗したとき、ピッチングコーチとバッテリーコーチは思いきりつるし上げられていた。そのときに「負け方も大事な

んだな」ということを思い知らされたよ。

阿部　今の一軍は王道の野球をやり続けています。8月6日の阪神戦で、内野手の**（増田）大輝**が急遽《きゅうきょ》登板する事態が起こりましたけど、あれだって今年のような過密日程のペナントレースのことを考えれば、邪道でもなんでもないんです。

橋上　あれはその前に阪神打線を抑えられなかった投手陣が悪い。原監督の采配云々という批判も一部にはあったけれど、「野手に投げさせて尻ぬぐいをさせる」という意味では、その投手にとっては屈辱に感じただろうし、首脳陣からはかなりきついお灸を据えられたと思うよ。

二軍全員に「送りバント」のサインを出す！

橋上　野村さんは原監督の采配を見て、「すげえな」って言っていたんだよ。そこで「何がですか？」と聞いたら、野村さんはこう言ったんだ。

「主力選手に送りバントのサインを出すなんて、オレにはできんよ」

たしかに野村さんは、チャンスが広がるかもしれないという場面でクリーンナップを迎

えたとき、送りバントのサインを出すなんてことは一度もしなかった。その点は野村さんと原さんとの大きな違いだったと気づいた。

阿部　僕は二軍では選手全員に送りバントのサインを出します。たとえ二軍でクリーンナップを打っていたとしても、**一軍に上がったら二軍と同じようにいきなりクリーンナップに入れるわけではありません。**むしろ、代打での出場からスタートすべきだと考えます。

たとえば、ノーアウトランナー一塁という場面で代打で出て、送りバントのサインが出ることはよくあります。そこできっちりバントを決められるかどうかで、首脳陣の評価は大きく変わってきます。僕にしたって「よし、打ってやろう」という場面で、ベンチからは送りバントのサインが出たことがあります。一瞬、「えっ!?」と思いつつも、**「ここで自分がバントを決めたら、次はいいバッターが控えている」**と思えたので、しっかりバントを決めました。勝つために主力の送りバントは必要なんです。

橋上　こうした考え方はジャイアンツのいい伝統だよな。Ｖ９時代、川上哲治監督は、長嶋さん、王さんにもバントをさせたことがあった。勝つためにはＯＮにだって遠慮はしないという伝統が、今のジャイアンツにも脈々と受け継がれているような気がしている。今年は一軍だけじゃなくて、二軍にも注目だな。

阿部　見ていてください。監督になっても現役時代と変わらぬ熱量で試合に臨んでいきますから。もちろん、ユニフォームも現役そのままのストッキングを出した**オールドスタイル**で。

橋上　慎之助にロングパンツのイメージはないな。ただ、ふくらはぎに爆弾を抱えていた慎之助からすれば、オールドスタイルじゃないほうがいいような気もするけれど。

阿部　あまり知られていないかもしれませんが、2015年シーズンはロングパンツだったんです。それ以外はほぼずっとオールドスタイル。阪神時代の**掛布（雅之）**さんに憧れて、高校、大学とオールドスタイルでやっていて、プロでやらない……というのはないんじゃないかなと。それは今も変わりませんね。

余談ですけれど、最近、ストッキングを履いてもかゆくならない方法を発見したんですよ。それはこの本で発表するのではなくて、YouTubeにでもぜひ載せたいんですけどね（笑）。これって知りたい人が多いだろうから、意外とアクセス数が集まる気がするんですよ。

橋上　そんなところで小銭を稼ごうとするんじゃないよ（笑）。いずれにしても、今年のジャイアンツは一軍以上にオレは二軍に注目するよ。

阿部　ぜひそうしてください。スポーツ紙に「阿部」の2文字を書いてもらえるように、しっかり盛り上げていきますから！

野球道を極めるために

阿部慎之助

２０１９年9月25日、僕は引退の記者会見を行った。同21日の横浜スタジアムでのＤｅＮＡ戦で5年ぶりのリーグ優勝を決めた直後には、「もう１年、現役を続ける」と考えていたが、その翌日の22日、神宮球場で原辰徳監督と話をする機会をいただけたことで、考えは１８０度変わった。

原監督からは巨人の将来や、僕の将来についてこんなことを考えていると、具体的な話を初めて聞くことができた。僕が想像していた以上に、原監督には巨人、そして僕のことを親身になって考えていただけていたことを痛感し、そのお気持ちに応えるべく「今年で引退しよう」と肚を決めた。

けれども、その日の夜、僕は泣きじゃくった。現役を退くことを心の底では寂しく感じていたのだ。考えを切り替えようと思っても、どうすることもできなかった。

それから2時間ほど経っただろうか。泣き疲れたときに、スマートフォンを手にして電話をかけた。相手は坂本勇人だった。

「オレ、今年で辞めるからな。あとは任せたぞ」

電話の向こうで5秒くらい、勇人は無言のままだった。ようやく出てきた言葉が、

「ほ、ほんとですか？　えっ、えっ……」

予想すらしなかった僕の言葉に、動揺している様子が手にとるように理解できた。

勇人は入団1年目のオフから、一緒にグアムでの自主トレを行っていた、いわば弟のような存在である。彼がキャプテンに就任してからの4年間、巨人は一度も優勝できずにいたが、２０１９年にその念願が叶ったことで、２０１４年までキャプテンを務めた僕自身も肩の荷が下りた。

勇人は大丈夫。不調のときもあるかもしれないが、きっとこれから先もまだまだ成長できる。僕なんかを必要としなくなるときが来るとしたら、それは今なんじゃないか。そうだとしたら、今辞めるのはいい引き際なんじゃないか――。そう感じてもいた。

勇人や菅野のコピーではない若い選手を

引退の記者会見は、自分でも驚くほど晴れ晴れとしていた。旧知の記者の方も多数来ら

れ、和やかなムードのなかで会見が進んでいった。彼らとはフレンドリーに接することもあれば、時には厳しい言葉をぶつけることもあった。おそらく僕のことが嫌いでなければ、今後も末永く関係が続いていくのだろう。巨人に入ったことでつながった縁を大切に、これからも良好な関係を築いていきたいと思っている。

日本シリーズでソフトバンクに敗れた直後、僕が二軍監督に就任することが発表された。これまで選手だった者が監督になるとなれば、現役の選手との距離感をどうすべきか考えさせられるかと思ったが、想像以上の短い時間で切り替えることができたように思える。現役時代は、春季キャンプ前の自主トレで多くの選手と行動を共にしたが、決してなれ合いになることはせず、一定の距離を保って後輩選手と付き合ってきた。そうしたことが功を奏して、気持ちをうまく切り替えられた要因となっているのかもしれない。

二軍監督に就任後、二軍と三軍の若い選手を見て感じたことは、2つある。1つは「いいものは持っている。だが、それを生かし切れていない」、もう1つは「お前たち、今のままでいいのか」という思いだ。

たしかに、高校を卒業して1、2年目の選手のなかには、磨けば光る、ダイヤの原石のような者がいる。ピッチャーであれ、野手であれ、幾度となく失敗もするだろうが、その都度乗り越えて、大きく成長してほしいと願っている。

一方で、「二軍には2つのタイプの選手がいる」ということも知った。1つは、二軍慣れしてしまっている選手、もう1つは一軍と二軍を行ったり来たりしている、「一軍半」の選手だ。

二軍の選手は、いつ一軍からの昇格の声がかかるかわからない。チャンスをつかめるかどうかは自分次第だからこそ、常に一軍を意識したプレーが求められる。だが、二軍にいることに慣れてしまっている選手というのは、目標そのものを見失う、というよりも忘れてしまっている。

ドラフトで指名された直後の入団会見で、「東京ドームで活躍できるように頑張ります」と言っていた言葉はなんだったの？　よみうりランドでヒットを打ったり抑えただけで満足しちゃうの？　二軍でどんなに打ったり抑えたりしたところで、お金を稼げないでしょう？　と言いたくなる気持ちにかられることがたびたびあった。

プロ野球選手は会社員とは異なる。球団に属するが社員ではなく、あくまでも個人事業主であるため、一軍で活躍すればいくらでも稼げるが、二軍のままくすぶっていれば、やがて球団から肩を叩かれ、ユニフォームを脱がざるを得なくなる。

一軍で活躍している勇人のプレーを見て、レギュラーを奪う気持ちをなくしてしまうのか？　あるいは菅野智之のピッチングを見て、「ああはなれない」と思ってローテーション入りをあきらめてしまうのか？

誰もが勇人や菅野のようになれる保証はまったくない。でも、勇人や菅野にはない特徴を生かして、一軍で活躍できるようになるためのスキルを見つけ、磨いていくことはできる。勇人や菅野のコピーではない、「オリジナルの自分」というものをつくり出して、1人でも多くの若い選手を一軍で活躍できるようにすることが、今の僕に求められたミッションである。

また、一軍と二軍を行ったり来たりして、一軍に定着できない一軍半の選手にも喝を入れなければならない。チームによっては、そうした選手も必要かもしれないが、僕はできる限り一軍入りを果たしたら、首脳陣から「アイツは外せない」と思わせるような選手になってほしいと思っている。

一軍を経験して落ちてきた人は何が足りないのか分析して、また一軍の首脳陣から呼ばれるにはどうしたらいいかを考えながら、日々の練習に取り組ませていきたい。

自粛の時代に見せる最高のパフォーマンス

今年の二軍キャンプでは「考動」という言葉をスローガンとして掲げた。考えながら動くのではなくて、動きながら考えていく、つまり頭より体を先に動かしなさい、という意味だ。けれども、今の若い選手は、体より頭、つまり理屈がわからないと動きださない。基礎よりも技術に走りがちな、頭でっかちなタイプが多いことに気がついた。

スイングの軌道やスピードなどを数値化するなど、新しいテクノロジーをどんどん取り入れていくのは良いことだが、この数値だけを鵜呑みにする若い選手が多いのだ。一軍でシーズン何百打席と立ち続けた僕にしてみれば、そんな数値ばかりを信じるのは、まさに愚の骨頂だ。

バットの軌道をよくすればヒットが打てるのか？

スイングスピードを速くしただけで確実にボールをとらえられるようになるのか？

答えはいずれも「ノー」だ。データも必要なときはあるが、練習に練習を重ねて、「バッティングの技術のコツ」を会得することのほうが先決なのだ。つまり、バットの軌道をよくしたり、スイングスピードを速くするのは、基礎の部分だけであって、たしかな技術をつかんだことにはならない。

僕はあえて心を鬼にして、若い選手たちには危機感を持たせ、「野球道」を極めてもらいたいと思う。こういう言い方をすると、古臭いと言われるかもしれないが、僕自身はそう思われても一向に構わない。

昭和に生まれ育ち、平成にプロ野球選手として第一線で戦い、令和の時代に指導者となった。昭和のいい部分は指導に残して、悪い部分は排除していく。厳しいだけでは今の若い選手はついてこないだろうから、会話のなかで冗談を言ったり、野球を日常生活のわかりやすい状況にたとえたりしながら、コミュニケーションを図っていきたい。

今年は新型コロナウイルスの影響で、東京オリンピックを筆頭に、多くのスポーツ競技が停滞モードに入った。このことはプロ野球も例外ではなく、開幕が3ヵ月遅れるという緊急事態に陥った。さらには、9月時点でも球場には入場制限がなされている。

だが、お客さんが少なかろうと、最高のプレー、最高のパフォーマンスを見せるのがプロ野球選手たるものだ。しばらくは、ファンの方も自粛しながらの観戦を余儀なくされるが、新しいプロ野球の観戦スタイルを確立して、末永くプロ野球を応援していただきたいと願っている。

「アイツ、まだ野球やっているよ」と言われるまで

この本でご一緒させていただいた橋上秀樹さんは、僕の高校の大先輩でもあり、2012年に打撃タイトルが獲得できたときの大恩人でもある。いろいろな人の支えがあって、19年間の現役生活を送ることができたが、橋上さんは僕を支えてくれたなかでも極めて大切な存在である。これからも僕の相談に乗っていただきつつ、いろいろな話ができればと思っている。

最後に、引退を決めた直後、僕がプロ1年目を過ごしたときの監督である長嶋茂雄さんに電話をさせていただいたときのエピソードを紹介したい。

長嶋さんからは「お前さんはいくつになったんだ?」と聞かれたので、「40歳です」と答えると、「そうか、もうおじいちゃんだな」と言われ、僕は思わず笑ってしまった。

だが、その直後、長嶋さんからはこう言われた。

「お前さんの野球人生はこれからまだ長い。そのことだけは肝に銘じておきなさい」

襟を正された思いがした。現役の選手としてはおじいちゃんだったが、指導者としてはまだまだ生まれたての赤ちゃんである。これから一日一日を過ごしていくうちに、ヨチヨチ歩きができるようになり、やがて大人へと成長していくはずだ。何年先になるかはわからないが、指導者として多くの人から認めてもらえるところまでたどり着きたい。これは僕自身の努力次第となるのだけれど。

背番号も10番から80番と大きな数字に変わり、二軍監督として指導者の第一歩を踏み出すことになった。80番は原監督が、野手総合コーチ、ヘッドコーチ時代に背負っていた背番号だ。それだけに「原監督がかつて背負った背番号」という重みを感じながら、日々の指導にあたっている。

僕は現役時代に、尊敬する松井秀喜さんに「『アイツ、まだ野球やっているよ』と言われるまで現役を続けたいです」と話したことがあった。今は「あのおっさん、まだユニフォーム着ているのかよ」と多くの野球ファンから言われるくらい、長く現場の第一線で指導できるよう、これから先も自己研鑽を積んでいきたい。

2020年9月

橋上秀樹

（はしがみ・ひでき）

1965年11月4日生まれ。安田学園高校を卒業後、1983年のドラフト会議でヤクルトスワローズから3位指名、捕手として入団。外野手に転向後、1992年にレフトのレギュラーとしてリーグ優勝に貢献。1997年に日本ハムファイターズ移籍。2000年に阪神タイガース移籍、同年引退。2005年に東北楽天ゴールデンイーグルス二軍守備走塁コーチ、同年一軍守備走塁コーチ、2007年ヘッドコーチ、2009年まで在籍。野村氏の下で12年間、選手、コーチとして師事。2011年にBCリーグ新潟アルビレックス監督に就任し、チーム史上初のリーグ優勝。同年、読売ジャイアンツ一軍戦略コーチに就任。2012年にWBC日本代表戦略コーチ。2014年に巨人一軍打撃コーチになりリーグ3連覇に貢献。2015年に楽天ヘッドコーチ、同年退団。2016年に埼玉西武ライオンズ一軍作戦コーチ、翌年一軍野手総合コーチ、2018年一軍作戦コーチ。同年のリーグ優勝に貢献。2019年に東京ヤクルトスワローズ二軍チーフコーチ。同年9月退団、11月に新潟アルビレックスのチーム強化アドバイザー兼総合コーチ。右投げ右打ち。180センチ、80キロ。著書に『野村の「監督ミーティング」』『参謀論』『常勝チームを作る「最強ミーティング」』ほか。

阿部慎之助

（あべ・しんのすけ）

1979年3月20日生まれ。安田学園高校を卒業後、中央大学へ進学。同大野球部にて東都大学野球連盟2部、1999年秋より1部でプレー。2000年11月のドラフト会議にて1位指名で読売巨人軍に入団。2001年3月30日、東京ドームでの対阪神1回戦で初出場。正捕手、一塁手。2007～2014年まで主将を務める。2007～2009年と、2012～2014年の2度のリーグ3連覇を含む8度のリーグ優勝、さらには3度の日本シリーズ優勝（2002年、2009年、2012年。いずれも原辰徳監督）に貢献。国際大会では中大在学中の2000年のシドニー五輪（4位）、2008年の北京五輪（4位）、2009年の第1回WBC（金メダル）、2013年の第3回WBC（銅メダル）に出場。2019年9月25日、現役引退を発表。2020年から巨人二軍監督を務める。ベストナイン賞（2002年、2007～2014年）、ゴールデングラブ賞（2002年、2008年、2013年、2014年）、最優秀選手賞（2012年）、正力松太郎賞（同）、首位打者賞（同）、最多打点者賞（同）、最高出塁者賞（同）。日本記録として「捕手・最多連続守備機会無失策1709」（2010年4月4日～2011年9月29日）を樹立、他にも「6試合連続本塁打」（2004年4月9日～4月16日）などの記録を樹立する。右投げ右打ち。180センチ、97キロ。

阿部慎之助の野球道

第1刷　2020年9月30日

著者　阿部慎之助　橋上秀樹
発行者　小宮英行
発行所　株式会社徳間書店
〒141-8202
東京都品川区上大崎3-1-1 目黒セントラルスクエア
電話（編集）03-5403-4350／（販売）049-293-5521
振替 00140-0-44392
印刷・製本　大日本印刷株式会社

乱丁・落丁はお取り替えいたします。

ISBN978-4-19-865091-9